众链

区块链大数据与众筹金融新世界

BLOCKCHAIN CROWDFUNDING

刘文献 李利珍◎著

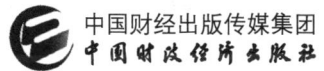

图书在版编目（CIP）数据

众链：区块链大数据与众筹金融新世界／刘文献，李利珍著.—北京：中国财政经济出版社，2017.5

（众筹金融系列丛书）

ISBN 978-7-5095-7469-0

Ⅰ.①众… Ⅱ.①刘…②李… Ⅲ.①融资模式－研究－中国 ②地方金融事业－经济发展－研究－贵阳 Ⅳ.①F832.48②F832.773.1

中国版本图书馆 CIP 数据核字（2017）第084271号

责任编辑：杨　云　　　　　责任校对：甄　飞
责任印制：刘春年　　　　　版式设计：丁丁图文

中国财政经济出版社 出版

URL: http://www.cfeph.cn
E-mail: cfeph@cfeph.cn

（版权所有　翻印必究）

社址：北京市海淀区阜成路甲28号　邮政编码：100142
营销中心电话：010-88190406　北京财经书店电话：010-64033436
北京时捷印刷有限公司印刷　各地新华书店经销
787×1092毫米　16开　14.5印张　176 000字
2017年5月第1版　2017年9月北京第2次印刷
定价：58.00元
ISBN 978-7-5095-7469-0
（图书出现印装问题，本社负责调换）
本社质量投诉电话：010-88190744
反盗版举报热线：88190492　88190446

大数据金融丛书编委会

顾　　问　陈　刚　刘文新
主　　任　王玉祥　曹　彤
副 主 任　罗佳玲　刘文献　王作功　杨　东

编委会成员

简　毅　罗尧重　胡东婉　吴红军　陈宗权　王大鸣　李忠祥
朱志刚　刘建华　王叁寿　梅　林　王恒壮　艾文华　姜　安
王宁桥　曹　锋　武源文　栾明月　李梓正　刘明杰　杨　锐
张　冲　周　沙　夏　平

众筹金融系列丛书编委会

主　　任　　王玉祥

执行主任　　罗佳玲　刘文献　杨　东

副 主 任　　罗尧重　简　毅　李利珍　杨　云

编委会成员

曹　彤	胡东婉	王作功	朱志刚	陈宗权	刘建华	梅　林	艾文华
吴红军	姜　安	王恒壮	王叁寿	陈格路	李宗祥	曹　锋	武源文
叶　强	栾明月	王大鸣	王　潇	杨　锐	陈　爽	赵大新	王宁桥
彭山虎	冉　旭	梅　莉	章　雯	曹灵波	李　筑	薛　亮	何永智
刘亚宣	刘明杰	李梓正（哈尔滨）	李梓正（北京）		张　冲	杨昌银
陈耀辉	郑　林	郭乐兴	宋　清	丁尚云	涂　勇	袁　野	周　薇
邓江膺	刘树文	王兮泽	区朝斌	李清河	廖　芳	吴文辉	梁中国
王　璞	李　莉	严　旭	罗　宇	张贵金	腾金岳	张红军	肖朝阳
彭　森	王　洪	周春雪	张　涛	王海斌	叶　梓	曲　鹏	刘文勇
彭　雪	谢忠强	庄士鹏	任　芳	朱加庆	陈江涛	李　洁	张　叶
付小川	刘俊麟	张锦辉	吕晓莉	华　山	魏文君	张　元	区　志
陈　林	甄先红	魏玉嵘	黄　飞	张　磊	梁　莉	顾锦锋	冯红玲
张显赫	程领军	庞　凯	张高余	程小芳	丁肇启		

目　录

代　　序　努力打造大数据区块链金融新高地　　　　　　　001

总　　序　区块链大数据河流上的众筹新世界　　　　　　　017

推荐序　　区块链重塑金融产业，助力实体经济腾飞　　　　027

Chapter 1
区块链之下

第一节　恐惧和热望　　　　　　　　　　　　　　　　003
　　"老牌"渴望的新武器　　　　　　　　　　　　　　　004
　　"后来者"们热望的顶配　　　　　　　　　　　　　　007

第二节　重置权利　　　　　　　　　　　　　　　　　011
　　貌似创世的开始　　　　　　　　　　　　　　　　　012
　　比特币的金融价值　　　　　　　　　　　　　　　　013

第三节　无限可能和一致共识　　　　　　　　　　　　017
　　抢入风潮已经开始　　　　　　　　　　　　　　　　017
　　政策环境趋于改善　　　　　　　　　　　　　　　　021

Chapter 2
区块链价值观

第一节　技术也有价值观吗　　025
　　互联网的精神传承　　026
　　从快播到头条的争论　　029

第二节　区块链的价值观　　032
　　消失的中本聪　　033
　　"超出物外"的技术　　036

第三节　价值观之上的想象力　　038
　　希拉里止步"铁王座"　　038
　　个体经济时代　　041

Chapter 3
区块链与数据喂养

第一节　数据金融时代的困境　　047
　　数据是现代金融基础设施　　047
　　大数据顽疾难解　　053

第二节　数据的解放　　056
　　让数据解放　　057

	让数据资产化	058
第三节	数据的声誉	060
	人工智能的数据喂养	060
	有声誉的数据及数据资产	062

Chapter 4
区块链金融

第一节	银行区块链	067
	他们在行动	068
	区块链应用	069
第二节	保险区块链	071
	区块链优化保险业	071
	互助保险新曙光	074
第三节	交易所区块链	077
	区块链的主要交易贡献	077
	纳斯达克 Linq 及启示	079
第四节	Fintech 公司区块链	082
	Fintech 投资依然强劲	082
	Fintech 的新金融之路	084

Chapter 5
区块链众筹

第一节　区块链众筹（上） ... 089
　　区块链能缔造新众筹？ ... 089
　　区块链下的产品、公益、收益权众筹 ... 091

第二节　区块链众筹（下） ... 095
　　区块链下的股权众筹 ... 095
　　区块链下的 P2P ... 097

第三节　区块链众筹贵阳模式 ... 100
　　众筹 ICO 模式 ... 101
　　贵阳众筹新五环 ... 104

Chapter 6
贵链：贵阳区块链理论实践

第一节　贵阳区块链战略 ... 111
　　城市区块链战略 ... 113
　　目标及架构路径 ... 115

第二节　贵阳区块链理论 ... 119
　　主权区块链 ... 119

　　　　　"绳网结构"理论 ·· 122
　　　　　块数据与"绳网结构"融合创新 ································· 123
　　　　　"扁担"模型（TAF模型） ··· 124

　第三节　贵阳区块链实践 ·· 126
　　　　　区块链三大应用场景 ··· 126
　　　　　区块链应用支撑体系 ··· 128
　　　　　"监管沙盒"模式 ··· 130

Chapter 7
区块链在全球

　第一节　区块链全球趋势 ·· 135
　　　　　区块链全球趋势 ·· 135
　　　　　区块链全球发展三阶段 ··· 139

　第二节　区块链全球"课代表" ·· 141
　　　　　数字货币启发者：比特币 ·· 141
　　　　　后来者是否居上：以太坊 ·· 144

　第三节　环球区块链 ··· 148
　　　　　区块链的趣事 ··· 148
　　　　　政府驱动力 ·· 151

Chapter 8
区块链争议

第一节　天生缺陷 157

　　区块链的另一面　　158

　　敏感的安全问题　　161

第二节　泥沙俱下 164

　　是技术不是骗局　　164

　　区块链的乱象　　168

第三节　区块链的未来 172

　　有关未来的思考　　173

　　应有所作为　　175

附　录　数字资产区块链交易所的探索　　　　　　　　　179

后　记　士不可以不弘毅，任重而道远　　　　　　　　　187

　　　　赋予想象，只因寄予厚望　　　　　　　　　　　190

代 序

努力打造大数据区块链金融新高地

贵阳是一个生态宜居城市。处于中国西南腹地，是贵州省省会，总面积8034平方公里，总人口470多万。平均海拔高度1100米，属亚热带湿润温和性气候，年平均气温15.3℃，夏季平均温度23.5℃。森林覆盖率44.2%，环境空气质量优良率常年达95%以上，是中国生态文明城市之一，享有"爽爽的贵阳·中国避暑之都"的美誉。

贵阳是一个文化融合城市。境内苗族、侗族、布依族等多个少数民族和汉族和谐相处。民族文化、红色文化与阳明文化融合发展，使贵阳成为一座有文化厚度、人文温度的现代文明城市。

贵阳是一个高速发展城市。"十二五"时期GDP年均增长15.1%，增速在中国省会城市中连续多年排名第一。"十三五"开局之年预计增长11.7%，也将位于中国省会城市之首。

贵阳是一个交通枢纽城市。"十三五"末，贵阳将成为中国西南地区高铁枢纽城市，实现3小时内至成都、重庆、昆明，5小时内至广州、深圳、长沙，6小时内至西安，9小时内至北京、上海、南京、杭州，成为全国高铁网络系统重要枢纽。

贵阳是一个备受关注城市。2015年7月，英国经济学人智库发布了《后起之秀：2015年中国新兴城市排名》报告，贵阳入列中国新兴城市排名二十强之首。2016年9月，美国米尔肯研究所于耶鲁北京中心发表第二个年度《中国最佳表现城市报告》，揭示贵阳多项指标表现抢眼，在中国新兴城市中位居首位。

下面围绕本次会议的主题，我向大家介绍贵阳在发展大数据、区块链、大数据区块链金融方面的理论思考与实践探索。

一、贵阳正在以大数据引领经济社会发展，努力打造全球"块数据"城市

（一）率先发展大数据产业

2013年9月8日，贵阳市人民政府与北京中关村科技园区管委会签署战略合作框架协议，在贵阳建设"中关村贵阳科技园"。自此，中国第一个"国家自主创新示范区"与中国第一个"生态文明城市"牵手，吹响了强强联合的"双示范"号角。2014年3月1日，"贵州·北京大数据产业发展推介会"在北京中关村国家自主创新示范区展示中心举行，进一步深化了京筑区域合作。中关村贵阳科技园是大数据产业发展的统筹平台，发展大数据产业，是建设中关村贵阳科技园的战略抓手。

2015年2月12日，经中国国家工信部批准，贵阳和贵安新区共同创建国家级大数据产业发展集聚区，标志着"中国数谷"正式落户贵阳。贵阳市委、市政府提出，贵阳发展大数据产业，重点是要建设大数据内容中心、服务中心、金融中心和创新中心，要将贵阳市建设成为全国乃至全世

界发展大数据产业的综合区，技术创新区。随后，在不到一年的时间里，中国首个提升政府治理能力大数据应用技术国家工程实验室、中国首个大数据交易所、中国首个众筹金融交易所等一系列发展成果在贵阳落地。

2015年5月，"贵阳国际大数据产业博览会暨全球大数据时代贵阳峰会"（以下简称"数博会"）举行。国务院副总理马凯出席并致辞。数博会主办方联合中国信息安全测评中心、中国互联网协会、阿里巴巴、富士康等50多家国内知名大数据企业、机构和媒体共同发起《大数据贵阳宣言》。马云、马化腾、阿南德、郭台铭、周鸿祎等行业巨头围绕"'互联网+'时代的数据安全与发展"主题发表精彩演讲。

2016年5月，随着大数据上升成为中国国家战略，数博会也上升为"国家级"，"中国大数据产业峰会暨中国电子商务创新发展峰会"在贵阳开幕。以"大数据开启智能时代"为主题的数博会共吸引官、产、学、商等2万余名海内外嘉宾到会，参会企业数量达到3704家，相比于2015年同比增长180.2%，共同探讨大数据领域未来的发展趋势。其间，数博会展览会分别从大数据分析与应用、数据中心和配套产品、智能制造及设备、互联网创新应用、电子商务五大板块集中展现全球高端技术和数据的最新应用，吸引包括高通、戴尔、富士康等全球大数据领域顶尖企业在内的参展企业和机构300余家。中国国务院总理李克强出席开幕式并发表致辞。李克强表示，贵州曾经是中国最不发达的省份之一，但现在这里正在生长着一棵"智慧树"，挖出了"钻石矿"。贵州的大数据产业不仅和东部发达地区平等竞争，而且走在了全国前列。

贵阳现在拥有数据中心服务器3.5万台，呼叫中心座席15万席，大数据及其关联企业达到4000户，产业规模总量突破1300亿元，电子商务交易额1615亿元，年均增长66.4%。首个大数据国家工程实验室落户贵阳，新增国家级、省级工程技术研究中心38家、院士工作站8个，聚集国际国内创新创业人才团队200支，全社会研发投入累计超过146亿元，科技进步对经济增长贡献率提高到58%。

（二）强势推动大数据社会治理

一是推动政府数据开放共享。目前，贵阳市政务数据共享交换平台已建成，市工商局、市人力资源和社会保障局等17家部门的212项超过3亿条可机读数据接入平台，计划2017年3月前完成政务数据共享交换目录体系建设，初步建成全市人口、企业法人、空间地理、宏观经济四个基础库。

二是打造权力运行"数据铁笼"。"数据铁笼"使权力运行全程数据化，倒逼行政权力部门认真履职、规范执法、优化服务，努力提高政府效能，是行政监督的"第四只眼睛"，是规范行政行为的重要"利器"，是提升政府治理能力和效率的抓手。"数据铁笼"共分三期进行建设，目前二期建设已完成，全市完成了"数据铁笼"建设的部门达到16家。

（三）创新提出"块数据"理论

大数据强调开放共享，但在"条时代"，大数据的发展面临共享难度大、垄断程度高、融合能力差、应用价值低以及安全风险大等一系列制约因素。贵阳在发展大数据产业的实践中，深感现有理论支撑的不足，也迫切希望结合实际闯出一条有别于国际和国内其他城市的特色发展之路。2015年5月、2016年5月，分别出版《块数据1.0》、《块数据2.0》。《块数据1.0》率先在全球提出了"块数据理论"；《块数据2.0》创新性地构建了块数据模型，解决包括促进数据流动、建立数据连接、发现数据价值、再造数据价值等问题。同时,《块数据 2.0》还提出了块数据价值链模型的概念,即通过数据与人的互动、关联和融合,实现数据与人、物、事关系的重构,实现超越资源禀赋的新的价值整合,最终形成全新的价值链体系。

(四)先行启动大数据立法

2016 年 1 月 15 日,贵州省颁布了《贵州省大数据发展应用促进条例》,开创了中国大数据立法的先河。该条例突出先行先试,引领发展方向;完善制度措施,推动发展应用;坚持公开透明,促进共享开放;明晰各方责任,强化安全管理。2016 年 12 月 8 日,贵阳制定了《贵阳市政府数据共享开放条例(草案)》,规定共享的政府数据分为无条件共享、有条件共享和不予共享。强调在政府数据开放共享工作中,应当维护国家安全和社会公共安全,保守国家秘密、商业秘密和个人隐私,明确除法律法规另有规定外,对涉及国家秘密、商业秘密、个人隐私的政府数据,应当进行脱敏、脱密等技术处理。

二、贵阳正在以区块链提级大数据发展,努力打造全球主权区块链局高地

2016 年 12 月 31 日,贵阳正式发布《贵阳区块链发展和应用》白皮书,这是贵阳市大胆探索区块链技术对政务、民生、商务发展应用的总体设计蓝图和初步探索宣言。区块链将支撑和推动信息互联网向价值互联网,进而向秩序互联网发展,成为贵阳在大数据发展中挺进新领域、攀登制高点的重要举措。

（一）大胆进行理论创新

一是关于"主权区块链"理论。在全球互联网发展进程中，人类社会将构建网络空间命运共同体，这是以尊重网络主权背后的国家主权为前提的。区块链技术的发展必须在国家主权范畴下，在法律的监管下，从改进与完善自身架构入手，以分布式账本为基础，以规则与共识为核心，实现不同参与者的相互认同，进而形成公有价值的交付、流通、分享及增值，建立主权区块链。未来，在主权区块链发展的基础上，不同经济体和各节点之间可以实现跨主权、跨中心、跨领域的共识价值的流通、分享和增值，进而形成在互联网社会的共同行为准则和价值规范。

主权区块链与其他区块链一样，具有点对点、不可篡改、可信任和价值转移的特点。但不同的是：在治理层面，它强调网络空间中的命运共同体之间尊重网络主权和国家主权，在主权经济体框架下进行公有价值交付，而不是超主权或无主权的价值交付；在监管层面，它强调网络与账户的可监管，技术上提供监管节点的控制和干预能力，而不是无监管；在网络结构上，它强调网络的分散多中心化，技术上提供网络主权下各节点的身份认证和账户管理能力，而不是绝对的去中心化或形成"超级中心"；在共识层面，它强调和谐包容的共识算法和规则体系，形成各节点意愿与要求的最大公约数，技术上提供对多种共识算法的整合能力，而不是单纯强调效率优先的共识算法和规则体系；在激励层面，它提供基于网络主权的价值度量衡，实现物质财富激励与社会价值激励的均衡，而不是单纯强调物质财富激励；在合约层面，它强调智能合约是在主权经济体法律框架下的自动化规则生成机制，而不是"代码即法律"，技术上提供可监管、可审计的合约形式化规范；在数据层面，它强调基于块数据的链上数据与链下数据的融合，而不是限于链上数据；在应用层面，它强调经济社会各个领域的广泛应用，基于共识机制的多领域应用的集成和融合，而不是限于金融应用领域。在主权区块链上的价值认定与流通最终将通过法定数字货币得以实现。

二是关于"绳网结构"理论。区块链是一个个区块按照时间戳顺序形成的链，像是一段"绳"，它把一串串数字和价值交付紧密耦合在一起，记录了某个社群内数字资产的所有交易历史。区块链技术应用的目的、社群范围和应用领域不同，形成了主权区块链框架下的不同区块链应用。推进区块链之间彼此连接，实现链与链之间的数据流通、业务交互和价值交付，将会是区块链技术发展的一个重要里程碑。不同区块链彼此相互连接就将"绳"织成一个"网"。它不同于单一的公有链，因为在每个相对独立的区块链中的授权都是被保护的，但它们又能彼此相互连接，承载更广泛的各类价值应用，形成跨区域、跨场景、跨部门应用的相互链接，形成一个区块链的立体空间。

三是关于"扁担"模型（TAF模型）。区块链"扁担"模型是关于区块链技术（T）、区块链应用（A）和数字金融（F）的结构关系的模型。区块链技术演进和数字金融应用是当前区块链发展的两大热点领域，好比是两个"货担"，单纯靠区块链技术演进和数字金融而缺乏各种应用场景，无法构建起区块链发展的生存空间和生态体系，好比是缺乏挑货的"扁担"。只有区块链在经济社会的全方位应用才能促进其自身技术的更快发展和数字金融的更广泛应用，推动建立价值互联网和秩序互联网。

（二）认真做好顶层设计

发挥国家大数据综合试验区先行先试的优势，围绕打造创新型中心城市的战略目标，按照"坚持主权原则，探索规则创新，培育应用场景，推动产业发展，提升社会治理，促进社会进步"的总体要求，发展主权区块链，构建政用、民用、商用多场景交织的区块链应用模式，打造区块链产业生态体系，发掘区块链的经济与社会价值，推动区块链与大数据深度融合，促进数字经济发展，完善数字社会治理，构建信息文明时代的新秩序。通过5年的努力，力争打造一批区块链应用场景，培育一批区块链创新企业，形成一批可复制推广的商业模式，推出一批区块链规则和标准体系，建成主权区块链应用示范区和数字货币应用先行区，将贵阳打造成为区块链创新要素重要集聚地和区块链技术应用创新重要策源地；形成区块链创新应用的全产业链、全治理链和全服务链，建成区块链创新中心和应用示范中心，基本形成区块链技术创新生态体系，为数字经济发展创造新动能，为互联网治理积累新经验，为国家大数据发展提供新探索。

（三）着力开发应用场景

在政用领域，根据贵阳在政府治理大数据应用中存在的数据共享开放保障手段少、"数据铁笼"应用分散、互联网金融监管难度大等痛点，第一阶段选取政府数据共享开放、"数据铁笼"监管、互联网金融监管等政用区块链应用场景。

在民用领域，根据贵阳在民生领域存在的扶贫对象识别尚不精准、个人数据开发利用少、医疗健康数据开发难等痛点问题，第一阶段选取精准扶贫、个人数据服务中心、个人医疗健康数据、智慧出行等民用区块链应用场景。

在商用领域，根据贵阳市经济发展中存在的小微企业贷款难、金融票据监控难、数据资产交易少、供应链缺乏透明度、货运信用记录缺失等痛点问题，第一阶段选取票据、小微企业信用认证、数据交易与流通、供应链管理与金融、货运物流等商用区块链应用场景。在第一阶段的基础上，第二阶段将进一步选取经济社会各个领域的区块链应用。第三阶段，实现主权区块链应用与国家数字货币体系的对接。

（四）全面搭建支撑体系

一是平台支撑体系。构建政策创新平台。发挥国家大数据（贵州）综合试验区的优势，建设主权区块链应用示范区和数字货币应用先行区，在区块链发展和应用的体制机制、政策法规、标准规范、应用场景、生态建设等方面先行先试，占据区块链发展制高点。打造产业集聚平台。建设区块链发展和应用特区，汇聚全球区块链技术创新创业公司，推进各类区块链应用场景落地，培育发展区块链产业生态，打造区块链产业集聚区和技术创新试验区。建立区块链产业发展联盟，政产学研共同推进主权区块链应用。强化基础支撑平台。以国家互联网骨干直联点和中国南方数据中心为基础，加强通信网络基础设施和数据中心平台建设，为区块链发展和应用提供高速宽带泛在的网络服务、海量存储服务和高性能云计算服务。

二是政策支撑体系。探索地方立法。研究出台区块链发展和应用条例，明确各方责任义务，支持创新创业，加强金融风险监管，保障网络和数据安全，维护市场效率与公平正义。制定标准规范。研究制定主权区块链技术、应用和治理等标准规范，鼓励区块链企业参与区块链国际标准、国家标准、行业标准制修订工作。加大标准实施力度，开展区块链应用标准化试点，加强标准服务、评测和监督，为区块链发展培育规范环境。创新政策机制。出台区块链技术和产业发展扶持政策，重点支持重大应用示范工程、关键技术攻关、"双创"平台建设、系统解决方案研发和公共服务平台建设等。结合深入推进简政放权、放管结合、优化服务改革等，放宽市场准入限制，加强事中事后监管，提升为企业服务的能力和水平，营造有利于区块链发展的环境。放宽对产业创新要素的限制束缚，建立面向区块链创新的政策支持体系。探索建立符合市场评价准则的区块链创新创业项目的评价体系，优化政府专项资金对区块链项目的支持方式。落实区块链中小微企业各项优惠政策，给予企业试错空间。推动政府产品和服务采购面向中小企业扩大开放。结合区块链发展和应用中的共识和激励机制，推进制定"责权利"对等的共识规则，形成市场激励、政策激励、资源激励的组合拳。编制指标体系和发展指数。编制区块链发展和应用指标体系，发布区块链发展指数，涵盖区块链的技术发展指数、行业覆盖指数、产业成熟指数、舆论指数、国际化指数等。

三是金融支撑体系。发挥政府引导基金撬动作用。充分发挥各类社会资本的积极作用。广泛吸引风险投资、产业投资等各类金融资源到贵阳集聚，撬动各类社会资本投资区块链技术创新、场景应用型企业。政府通过创业投资、高新技术及大数据等引导基金，支持社会资本投资区块链技术研发及民用等关键和薄弱领域。创新融资模式。创新科技信贷审批机制，推动商业银行建立科技贷款绿色通道，完善授信尽职免责机制，提高风险容忍度，支持区块链企业创新发展。鼓励商业银行、保险公司、政策性担保公司、创业投资公司、科技金融服务公司等开展"投贷联动"、"投贷保联动"、"保贷联动"等服务创新。支持优质企业上市发展。构建集证券公司、风险投资机构、会计师事务所、律师事务所、省区域性股权市场等为一体的企业上市服务体系，支持成熟的区块链企业在中小板和创业板上市，支持种子期、初创期的区块链企业在新三板挂牌和省区域性股权市场挂牌发展。积极开展科技保险。鼓励和支持保险公司向区块链技术研发、场景应用型企业推广专利保险、营业中断险、研发设备险、保证信用险、关键技术知识产权抵押贷款保证保险、科技型中小企业贷款保证保险等科技保险品种；积极争取保险公司在贵阳设立区块链保险研发中心，支持保险公司开发和创新适用于区块链应用的保险产品，为区块链研发、各类场景应用降低风险损失、实现创新发展供专门保障。进一步完善科技保险财政支持政策，对科技企业保险费用支出进行补助。探索建立服务科技保险发展的综合性保险中介服务机构，加快创新科技保险产品，提高科技保险服务质量。建立符合科技创新规律的财政投入体系。整合财政专项资金，建立区块链企业风险投资和贷款的激励机制；发挥政策性担保公司的增信作用，建立区块链企业贷款的风险补偿机制；加大区块链技术财政投入，支持区块链关键技术攻关和公共服务平台建设，为区块链企业技术创新、场景应用提供良好的政策环境。

四是人才支撑体系。加强人才引进。实施"百千万人才引进计划"、"筑巢引凤计划"、"黔归人才计划"等，构建平台揽才、赴外招才、活动引才、项目聚才的区块链人才立体引进网络，引进的国家千人计划人才、百人领军人才、千人创新创业人才、高级管理人员、高级专业技术人员等区块链人才按规定享受各类优惠待遇，高级人才经评审后入驻政府人才公寓。加强人才培养。围绕区块链发展和应用需求，依托国家重大人才工程、创新型青年人才培养计划等，加快培养区块链人才。与驻地高校合作，设立区块链技术与应用学院，设置区块链技术专业课程，培养区块链专业人才。鼓励有条件的区块链企业、科研机构和高校联合建立区块链实验室和人才实训基地，培养区块链职业人才。支持人才创业创新。支持建立区块链孵化器，通过孵化区块链项目和公司，培养区块链创业创新人才和创业团队。支持科研人员在职创业、离岗创业、离职创业，可带科研项目和成果、保留基本待遇离岗到企业开展创新工作或创办企业，兼职兼薪。支持区块链高层次人才来筑创办小微企业。鼓励大学生在区块链领域创业创新。

五是"双创"支撑体系。打造创业创新基地。推进小微企业创业创新基地城市示范，建设区块链创业创新示范基地。兴建区块链应用孵化器。鼓励和支持区块链技术应用型企业，围绕场景应用建设相应的孵化器。加强技术创新能力建设。推进政府引导、社会参与、企业高校和科研机构为主体的创新能力建设，建设国家级区块链技术工程实验室、重点实验室，支持企业建设工程技术中心、协同创新中心等，建立一批面向区块链相关领域的技术攻关平台、共性基础研究平台、工程技术应用平台、质量发展和标准信息平台、检验检测认证平台、公共技术支撑平台等，构建具有块数据城市特色的区块链技术创新体系。调动和激发社会、企业、行业协同构建区块链联合创新实验室等新型创新载体，不断增强区块链技术研发应用能力。建设跨地跨境区块链研发中心，加强区块链应用的国际国内合作。完善区块链创业公共服务。鼓励和支持区块链联盟企业建设服务于区块链创业企业的公共服务平台，提供网络支撑、数据服务、资源共享、认证认可、检验检测等公共服务。

六是宣传支撑体系。加强宣传引导。大力宣传区块链发展的新进展、新举措和新成效，引导和汇聚社会各界力量共同参与贵阳区块链发展。创立贵阳区块链自媒体，加强主流媒体宣传，及时传播贵阳区块链发展和应用的动态。举办高层次会展。依托数博会等平台，举办具有国际影响力的区块链高峰论坛，吸引全球区块链领先企业和领军人物参与，集中展示和推广国内外区块链技术研发、产品应用、解决方案等最新成果，推进区块链技术研发者、创意者、生产商、应用商、投资商、交易商云集贵阳，促进人才交流、市场交易、创新发展，形成贵阳区块链发展和应用的品牌影响力。

三、贵阳正在以大数据、区块链重构金融业态，努力打造全球大数据区块链金融中心

贵阳在发展大数据、区块链的过程中，始终把"大数据＋金融"、"区块链＋金融"的融合发展作为重中之重。金融是经营信用和风险的行业，信用是金融的基石，风控是金融的核心。互联网时代，信用体系和风控系统的唯一出路是大数据。2016年11月1日至4日，贵阳大数据金融信用体系建设和风险控制系列活动圆满举行，活动以"大数据金融信用体系建设和风险控制"为主题，重点探讨如何利用大数据、区块链等新兴科技，开展传统金融和新金融征信体系建设和风险控制，探索对金融业态现有的组织方式、治理体系、运行规则等进行重构，从而达到金融信息不可篡改、可追溯，降低信息不对称，提升运行效率，降低交易成本的效果，推动形成人类社会在信息文明时代新的价值度量衡，构建一套新的金融的诚信体系、价值体系、秩序体系和规则体系。

（一）运用区块链重构大数据金融信用体系

"大数据＋区块链"能够有效推动信用体系建设，实现信息互联网到价值互联网再到秩序互联网的逐步迁移。在传统金融征信的基础上，贵阳有效地进行了行业条数据与地区、部门块数据的结合，叠加了更多维度的数据，从中筛选出有效数据，并运用区块链技术对相关数据进行全程区块链登记和绳网结构化处理，为企业、个人更加精准的画像和造影，为新型

征信和信用评价提供更加精准、更加高效的依据。

（二）运用区块链重塑大数据金融风控体系

贵阳运用"大数据+区块链"对数据进行足够多的采集和叠加，利用"扁担"模型完善大数据风控，逐渐实现从传统的倚重人工判定财务数据向依靠大数据分析违约概率转变，实现业务的全流程实时动态监控。以"数控金融"平台建设为核心，贵阳市初步建立起大数据防范金融风险的体系，形成以制度建设为基础，以技术整合为运用，以平台监管为载体的全面风险防范体系：开发大数据防控金融风险的"数控金融"平台和对PE、VC领域进行风险预警，严防非法集资；开发中小微企业征信和融资服务平台、小贷和担保行业大数据监管平台；对互联网金融机构实行设立前备案审核，有效防范金融风险；成立互联网金融整治工作机构，2016年共排查互联网支付、众筹、借贷、跨界等机构1769家。贵阳已逐步探索出一个兼顾创新发展与风险防控的大数据防控金融风险的"独特模式"，实现了发展与规范并重。

（三）运用区块链打造大数据金融全新场景

一是区块链在互联网金融监管中的应用。互联网金融的监管是一个综合的过程，需要多维度的数据和多方面的配合，也就要求互联网金融监管的区块应用不能仅限于依靠单链发挥有效的作用，更需要与其他区块紧密链接。通过"绳网"连接，与其他区块链进行共享，充分利用区块链网中的数据和信息，探索建立一种以自律监管为核心的监管体制，以解决互联网金融跨界经营与分业监管矛盾导致的监管套利，降低互联金融监管成本和被监管者的合规成本，营造良好的金融信用环境，推动互联网金融在贵阳合规、快速的发展，更好地促进中小微企业和实体经济的发展，为真正实现普惠金融奠定基础。

二是区块链在票据交易中的应用。基于区块链技术和互联网技术，运用区块链共识管理机制，围绕场外票据交易业务，搭建适用于中国票据交易市场的在线票据区块链融资平台，连接企业客户、银行、投资方、监管方，提升票据市场交易的安全性、可追溯性，建立互信，降低交易成本，提升风险管控能力和监管能力，实现传统票据市场向数字票据市场的跨越式发展。

三是区块链在数据交易中的应用。采用区块链的"智能合约"技术，运用它的共识算法和程序建立信任机制，确保合约条款的精准性及执行的自动化，减少违约风险。运用区块链的双方认证机制，为数据资产交易有迹可循提供具有法律约束力的信用保障，便于监管审查。

四是区块链在数据资产投资中的应用。通过应用区块链技术，形成数据资产登记、保全、评估、投资四大链条，在前端将数据拥有方的沉淀数据转变为数据金融资产；在后端为数据使用方提供"量体裁衣"的数据金融服务，依靠多种渠道和多维角度，打造一套完整的涵盖投资、融资、管理和退出各环节的数据资产投资服务链，推进数据资产投资在2B端至2C端的全面开放。

五是区块链在消费积分交易中的应用。尝试灵活运用主权区块链技术原理，将消费积分产生及交易的系统打造成包含底层通用的基础模块、中间层区块链的核心模块和应用层交互模块在内的三大层级消费积分区块链交易体系，推进消费者和投资者有机结合，推动生产行业向消费者定制的供给侧变革，带来电商革命性的新飞跃，打造新一代大数据消费电商平台。

六是区块链在数字资产交易市场中的应用。通过借鉴国内相对成熟的要素交易市场的构建理论及实践，结合区块链技术的数据账本构建体系，渐进式构建基于主权区块链平台的数字资产交易市场，包含数字资产发行、接入、交易和兑换以及区块链浏览器、区块链数字钱包、区块链标准接口服务等在内的数字资产交易活动，推进实现全球区块链数字资产的流通和交易，打造全球数字资产区块链交易市场。

"时势造英雄，风云聚人才。"贵阳正站在一个新的起点上，努力打造全球块数据城市、全球主权区块链高地、全球大数据区块链金融中心。宏伟的事业，需要会聚天下英才。贵阳已经向全球发出了"招贤书"、"英雄帖"。我们热忱地邀请各位到多彩的贵州、爽爽的贵阳，共同参与到大数据、区块链、区块链金融的洪流中来，共同畅游大数据、区块链、区块链金融的"新蓝海"，共同铸造大数据、区块链、区块链金融的"新世界"。

（注：本文系贵阳市人民政府王玉祥副市长于2017年1月8日在"2017年首届北美区块链金融科技峰会"上的讲话）

总 序

区块链大数据河流上的众筹新世界

记得哲学家黑格尔曾经说过：一个民族有一些关注天空的人，他们才有希望。

我们不敢自诩和类比那些为探索真理穷尽一生的先哲与巨人。我们只是非常幸运地置身于人类波澜壮阔的数字善惠金融解放与重构的洪流当中，在观看区块链大数据大河两岸场景的过程中，在痛并快乐地探索新世界颠簸与危险的征程中，不由自主地会在黎明前、黄昏后或者是漆黑的深夜，抬头仰望日转星移的苍穹，试图在夜深人静时，与自身之外的现实世界中已发生或将发生的事件、结构、关系及规律沟通，从中获得启发，有所顿悟，就我们自己开创的众筹金融事业以及众筹金融与大数据区块链关系做梳理和思想小结，就我们从北京"漂"到贵阳的三年创新之旅做回顾和展望，这便有了"解放众筹"三部曲。

"解放众筹"三部曲是三本书，分别是《解放众筹》、《众筹的解放》以及这本《众链：区块链大数据与众筹金融新世界》。三部曲的主题和出版，无形中契合了众筹金融及互联网金融、大数据金融在中国发展的三个截然不同的阶段。

一、2014年，北京，中国众筹元年的众筹启蒙，《解放众筹》，解放创业创新梦想

《解放众筹》主要成稿于2014年年末至2015年年初的北京。2014年被称为"中国众筹解放元年"。众筹以互联网金融领军者和普惠金融解放者的身份，迅速成为全民话题，并以解放者的燎原之火，点燃了无数人的创业创新梦想，随着李克强总理关于"双创四众"的号召，众筹一度被很多人认为是"大众创业、万众创新"的最好载体，一个众筹新金融的世界呼之欲出，正要冉冉升起。《解放众筹》一书同样燃烧着解放一个旧金融世界的浪漫豪情，为建设一个新金融世界进行理性架构研究。至今，这本充满众筹想象、众筹激情、众筹场景，充满众筹路径、模式、顶层众筹金融生态体系设计的众筹之作，仍是一本畅销书。我会经常遇到一些读者，他们说《解放众筹》为他们打开了一扇通向新世界的大门。而领筹人领筹制度的首创、第五种众筹暨收益权众筹模式的提出与实践、众筹交易所化平台的构建、以世界众筹大会为核心的众筹金融生态体系蓝图规划等，都极大丰富了中国如火如荼的众筹创新，并初步确定了我们领筹金融在中国众筹金融中的不可替代的创新者地位。

二、2015年与2016年，贵阳，北京，世界，众筹最"好"和最"坏"的年代，《众筹的解放》，处在转折点的大数据金融融合发展模式和道路

《众筹的解放》的创作和出版，横跨了2015年和2016年两个完整的众筹标杆年，2015年是中国众筹金融世界的建设高峰年，2016年却是中

国众筹金融的风险控制调控年。2015年众筹热到极点，而2016年则越来越寒冷刺骨。火与冰，是这两个众筹标杆年给人的外部印象，也是许多众筹人的内心感受。

在火热的2015众筹金融建设年即将开启的时候，我们团队在2015年年初受贵阳市的邀请，"贵漂"到贵阳合作创立全球第一个众筹金融交易所，并在2015年10月23日至27日，紧跟北京召开的国家"双创周"，在贵阳召开了世界众筹大会。世界众筹大会由中国银行业协会、中国保险业协会、中国互联网金融协会、中国投资协会等十几个全国性金融行业主管协会与贵阳市人民政府共同主办，来自全球约两万名众筹创业监管者、研究者、创新者、投资者及媒体记者参加了世界众筹大会及近60个分论坛。1600多个创业项目参加了同期举办的世界众筹大赛，《人民日报》以多个整版报道了世界众筹大会的盛况和创客们的创新热情、创业项目和众筹成果，并发表了面向全世界的"贵阳共识"。贵阳，一座以中国数谷为标识的创新城市，又多了一个新目标：世界众筹之都。并且，一个以众筹金融交易所为核心，聚集众筹金融协会、众筹金融学院、众筹金融研究院、众筹金融基金、众筹金融小镇、众筹金融大赛、世界众筹大会、世界领筹金融集团的"众筹金融生态体系"正在加速形成。同时，以世界领筹金融公司为龙头的28家产业领筹金融体系也开始启动，领筹金融产业体系初见模样。贵阳，这个西南腹地的城市，因大数据而闻名于世，这次又因众筹而闪亮全球。我清楚地记得，一位贵州领导在世界众筹大会结束后紧握着我的双手说：贵州感谢你们。

但是，2016年的众筹春天来得有点晚，有点冷，遭遇了大转折。对于处于众筹热中的一些从业者来说，就像刚过一个暖冬，紧接着遇上一个"倒春寒"，有些措手不及或茫然失措。2016年春节过后不久，贵州省委常委、贵阳市委书记陈刚，贵阳市副市长王玉祥就约我一起召开了一个关于众筹金融风控与发展的小范围的座谈会。陈刚书记预见到全国范围内互联网金融风险的聚集和一场自上而下的互联网金融风险整治风暴的来临。他坚持以建设大数据铁笼来防范和控制互联网金融包括众筹金融的系统性风险。我们达成了一个共识：在有效的大数据风控体系建成之前，在国家各项众筹法规出台之前，先暂停大规模的众筹金融业务。这是一个艰难的决定，这意味着贵阳众筹金融交易所和一批领筹人金融公司，在获得众筹世界巨大的市场影响力的时候，主动停下开展大规模众筹金融业务的步伐，贵阳众筹金融交易所在没有主要业务收入的条件下苦练风控内功，搭建数据铁笼，努力驾驭风险这个"怪兽"。

果不其然，2016年是个互联网金融，尤其是P2P平台的风险爆发年。被称为债权众筹的P2P，历经疯狂的井喷式野蛮生长后，出现了一批跑路的平台，带来了很坏的社会影响，央行、银监会、公安部等监管部门终于在2016年8月出台了联合监管办法，并推动掀起了对互联网金融行业的清理整顿。互联网金融平台，从2015年的野蛮自由生长，到2016年的史上最严清理整顿；从人们谈之无比兴奋到人们谈之色变，也就是短短的两年。

现在回头看，贵阳是有远见的，不但勇立众筹金融创新的大潮潮头，也准确预见了这场监管转折，并再次主动站在了大数据防范金融风险的潮头。

2016年11月2日，在中国银行业协会、中国证监业协会、中国保险业协会等单位的支持和联合主办下，贵阳在2015年召开世界众筹大会的场所，召开了高规格的国际性的大数据金融信用体系建设和风险控制系列活动。关于为什么是大数据金融而不是互联网金融的信用体系建设和风险控制系列活动，贵阳市王玉祥副市长有一个比较清晰的总结：贵阳的大数据金融，起于互联网金融，又高于互联网金融，包含了传统金融和其他创新金融。可以看见，贵阳正努力把各种金融创新、金融信用体系建设和风险控制纳入大数据金融的范畴中，并发挥贵阳作为国家级大数据先行试验区的优势，不但争取在创新上领先，还要在信用体系建设和风险控制上全面领跑。

就在这次大会上，贵州省副省长卢雍政提出：依托大数据产业发展，互联网金融和传统金融的发展同步迈入大数据金融时代。国家发展和改革委员会副主任连维良强调：党中央国务院高度重视大数据，尤其重视运用大数据建立以信用为核心的市场监管机制，这种监管机制与传统监管机制有本质的区别，可以实现跨层级、跨地域、跨部门、跨业务的协调管理工作。贵州省委常委、贵阳市委书记陈刚也明确指出：企业、民众、政府都在呼唤互联网金融时代信用体系和风险控制系统的产生，而这个系统和体系产生的唯一出路就是大数据。

至此，贵阳已初步完成把包括众筹金融在内的新金融及传统金融纳入大数据金融的大旗下，以一个全新的高度，在业态创新、信用体系建设及风险控制系统构建等方面，通过大数据的整体努力，领先进入数字普惠金融的新世界。而这是非常艰难而又非常重要的一跳。众筹金融作为大数据金融的核心组成部分之一，一起参与了这次伟大的战略重组和战略目标转移，并发挥了难以替代的组织创新和模式创新的重要作用。

一个大数据金融的世界就在眼前，这个世界也是全新的，也在期待一个革命性的战略工具和战略体系的诞生。《众筹的解放》，记叙了这一艰难转折的过程，载入了创新的快乐和对风控的探索，也预言和期待一个区块链大数据众筹金融时代的来临，重新焕发众筹的能量，服务实体经济，服务大众创业万众创新。

三、2017年，世界，贵阳，北京，《众链：区块链大数据与众筹金融新世界》，用区块链大数据唤醒众筹金融"巨人"

众筹金融需要进入大数据世界来进行创新估值、信用评级和风控建设。但只有区块链世界里的大数据才是精准的，才是不可更改的，才能形成参与各方的共识，才能依靠人工智能合约和大数据信用与风控模型，得出真正的众筹估值投资和风险控制管理，从而构建一个真正的众筹金融新世界，这将唤醒众筹这个"巨人"。

2017年伊始，贵阳市发布了区块链白皮书《贵阳区块链发展和应用》。贵阳也因此成为全世界第一个发布区块链白皮书的城市，无愧于国际媒体眼中的"中国最创新城市"的称号。

不久前，陈刚书记在中国金融启蒙年会上做了"共同开启2017区块链落地应用元年"的主题演讲。陈刚书记为大家做了一个贵州省贵阳市通过大数据实现换道超车的梳理："2014年起，贵阳市开始了一个神奇的探索——发展大数据，并把大数据提升为全省的发展战略。"现在，贵阳市的GDP增值高达10%以上，位居全国省会城市之首，就有发展大数据的功劳。陈刚书记强调："从2016年年底开始，贵阳市又开始一个新的神奇的探索，就是推动区块链技术运用在经济社会发展的各个领域。我们认为，尽管区块链派生于比特币，但是给我们带来的是信用的传递和价值的传递。"

《贵阳区块链发展和应用》白皮书中有几个核心观点，是贵阳发展区块链工作的重点和指南，也是贵阳众筹金融探索创新的重要工作方向。

核心观点之一，互联网"三部曲"，即区块链将推进互联网完成信息互联网、价值互联网、秩序互联网的阶段演进。人类进入互联网时代以来，早期互联网传递的是信息，即信息互联网实现信息共享。大数据技术的出现和应用，推动互联网向价值互联网演进。而区块链技术的出现，将让人们进入秩序互联网阶段，不仅是金融秩序，还包括社会秩序、生活秩序等。

核心观点之二，主权区块链。我们认为，构建网络空间命运共同体，必须以尊重网络主权背后的国家主权为前提。

核心观点之三，区块链绳网结构和块数据的有机融合。块数据是贵阳提出的一个概念，是与点数据、条数据相对应的，多维度汇聚融合形成的数据。把不同块数据的关联关系，用区块链方式表达，是绳网结构的核心思考。所谓绳网结构，是指实现链与链之间的数据流通、业务交互和价值交付，使区块链承载更广泛的各类价值应用，进而形成跨区域、跨场景、跨部门区块链应用的立体空间。

核心观点之四，自主测试平台。贵阳正在搭建区块链测试平台，包括区块链场景测试子平台、区块链产品测试子平台，基于应用场景对区块链产品进行综合评价，从而营造技术、场景、产品的"沙箱"测试环境。

核心观点之五，多链、跨链的区块链应用。建立跨链之间的互融，并通过跨链互融促进区块链发展。比如，可以通过跨链通信、多方签名、多方加密、信任转移等，实现多链的跨链融合，主要表现为跨链信息协调、跨链资产交换和跨链事务处理。

贵阳市区块链工作的核心特点，与本书主题"众链"密切相关；也是我们团队站在这座"中国最创新城市"的肩上，试图抓住区块链金融科技这一互联网革命性技术，构建一个价值互联网新世界，生产可信的、不可更改的块数据，进而用人工智能学习分析建模判断，依靠网络分布节点的共识得出信用估值和风险痛点，从而构建众筹金融新世界的法理基础和现实体系支撑。

所以，并不是众筹这个模式出了什么问题，而是传统的信用征信模式和风险控制体系不能满足中小企业、传统企业、创新企业和创业者的要求。即使是现有的大数据征信体系，也因数据来源的准确性、有限性和可人为更改，只能做有限的补充参考。因此，2014年在中国大地轰轰烈烈的众筹革命与解放，并不是一场闹剧或笑话，只是来得早了3年。3年前，基于区块链的大数据"大运河"还没有开凿，在那些没有规则、暗礁出没的河流上运行众筹的小船，真是说翻就翻啊。但是我们不可能穿越历史，唯一可做的就是一起来开凿这条区块链大数据金融大运河，好在崛起的贵阳引领了这个伟大工程。这不，书记、市长都在喊号子、撸袖子、卷裤腿，下地干活呢！

十二届全国政协委员武鸿麟已经连续两年在全国两会提议在贵阳设立中小企业双创众筹试验区，为破解中小企业融资难，支持全民创新，支持扶贫，促进金融服务经济开拓出一条路，凿出一条数字经济时代区块链大数据大运河。

我认为现代化市场经济中，一切的经济活动都应以可以交易、适合交易并通过交易获得发展为出发点。本书正是以众筹金融交易为中心角度，去思考构建区块链大数据环境下的众筹金融新世界。也就是说，要以一个大的交易所联盟公链为核心，把广众的各种拟发行的产品区块链、供应区块链连过来，把销售环节的电商及积分区块链连过来，把各个保荐机构、发行机构、承销机构的发行区块链连过来，把广大投资者的投资链连过来，把金融机构的增值衍生服务区块链连过来，共同连成一个标准一致、数据私密后可定向共享、所有分布子链和节点的账本不可更改，产品或企业的市值可以通过全链共识和智能合约进行众筹发售、发行、交易、增值金融服务的区块链大数据众筹金融生态链体系。这是个浩大的工程，好在贵阳正在聚集一批区块链底层技术平台，并正开通各种自主测试公共平台和推动基于超现实创新的"沙箱"计划，好在我们在贵人消费积分区块链、永恒分布式能源区块链、大账房中小企业信用区块链、公益扶贫邮票区块链、数字资产代币、区块链交易所等方面已经有了相当深的场景积累。2017年1月，王玉祥副市长带领贵阳区块链金融访美代表团，出席北美区块链金融峰会，贵阳区块链金融场景包括众筹金融交易的区块链金融场景得到了中美区块链金融业界的高度关注和认可。我相信，随着贵阳区块链工作全面展开，随着"2017中国国际大数据产业博览会""区块链金融国际高峰论坛"的召开，随着贵阳区块链金融特区的形成，我们有机会和全球的区块链金融团队一起构建我们的"众链"。

《众链：区块链大数据与众筹金融新世界》一书是"解放众筹"三部曲的最后一部，它将继承《解放众筹》的理想、激情和创新启蒙，也将接过《众筹的解放》的理性、苦涩和转型突围的坚强努力，继续沿着依靠区块链大数据金融科技创新铺就众筹金融基础设施，依靠大数据人工智能加领筹人智慧进行信用估值和风险防范，继续服务全世界的创客，让创业创新的梦想不再那么难实现。因为，我们民族无法失去创新的十年，毕竟房地产和金融空转无法支撑未来十年的世界创新"大决战"。当前，防范金融风险已提升到国家战略层面，党中央国务院非常关注，央行、银监会、保监会、证监会也对传统金融和互联网金融掀起了监管风暴。我深信，大数据区块链金融不仅对互联网、大数据、众筹这些新金融领域，而且对银行、证券、保险这些传统主力金融业态，都是一个根本上的新金融基础设施，一个在安全、效率、成本、用户体验、交易价值和风险控制等方面，革命性的金融新世界的开始。谁也不想错过大数据这班车，也错不起这班车。在某种意义上，传统金融和新金融，在大数据区块链这个新金融科技面前，站在了同一条起跑线上。

感谢陈刚书记，您是个真正的解放者，永远点燃创新者们的希望，并和他们一起规划在现实世界可行的创新航道。感谢王玉祥副市长，您是个亦师亦友的领导，总是小心翼翼地守护着创新者脆弱的探索火苗，更是一个务实实干的创新金融实践者。

感谢北京市和贵州省、贵阳市金融工作办公室的领导，感谢你们用专业监管为众筹金融的创新者护航。

感谢中国财政经济出版社的领导、本书责任编辑杨云和本书的共同撰稿人李利珍，你们的鼓励和奉献，才使"解放众筹"三部曲得以面世。

感谢井通区块链、普银区块链、瀚德区块链、贵人大数据区块链、分布区块链、百度区块链、腾讯区块链、乐视区块链、阿尔山区块链、万向区块链实验室、北航区块链实研究室、人民大学50人金融科技论坛、区块链联合发展组织、WADCC资产数字加密委员会、北美区块链金融协会、阳光七星区块链、比特币全球基金会、杭州区块链产业园、全球区块链商业理事会、央行数字货币研究所、央行金融研究所、中国互联网金融协会区块链小组、工信部中国区块链大赛的专家们的专业交流指正。

感谢始终和我一起在希望和艰难的创新中战斗的团队、合伙人、领筹人。

感谢一直默默宽容并支持我漫漫创新之路的父母和女儿。

感谢未来的自己。

刘文献

2017年5月1日，国际劳动节，北京

推荐序

区块链重塑金融产业，助力实体经济腾飞

基于对大数据、众筹、区块链等一系列新生事物的研究与规范新生事物正确发展方向之初衷，我有幸多次受贵阳之邀，开展相关方面的研讨，而贵阳最近频繁在区块链领域的行动，让这个西南一隅的创新城市站在了风口之上。

贵阳有发展区块链得天独厚的优势，但需要加强金融消费者保护、加强对人才的培养和吸引力度，才能更好地促进区块链在贵阳的发展。

2016年年末，贵阳站在全球视野率先发布了以政府为主导的《贵阳区块链发展和应用》白皮书，这对贵阳意义重大。而《众链：区块链大数据与众筹金融新世界》一书也从另外一个角度，烘托了贵阳区块链世界的热度。该著作对区块链进行了理论与应用层面的双重创新，并对贵阳发展区块链的不同阶段作出了针对性的规划。如果说贵阳发布的白皮书巩固了贵阳大数据中心的定位，有助于贵阳数字经济的发展，有利于贵阳的互联网安全治理，那么该著作从数据层、网络层、共识层、激励层、合约层和应用层对主权区块链的技术架构作出说明，通过构建"一核、四区、多中心"的空间布局与不同阶段应用路径和推进方案，对贵阳发展区块链的路线图

做出总体规划。

作为地方首次发布区块链白皮书,加上《众链:区块链大数据与众筹金融新世界》《区块链世界》《区块链金融》等一系列区块链著作,贵阳又一次在大数据时代中走在了前面,这有利于贵阳成为这方面的"领头羊",有助于贵阳实现跨越式发展。贵阳发展区块链具备完善的基础条件和生态体系,贵阳提出了以大数据为引领建设"块数据"城市、打造创新性中心城市的阶段性目标,从贵阳市经济社会发展的痛点出发,白皮书分析提出区块链的政用、民用和商用应用场景。

贵阳正以区块链为基石,其题中之意是进行金融科技的顶层设计。开创性地提出"主权区块链"、"绳网结构"等理论,这是贵阳区块链的"顶层设计";提出应用才是搭建起区块链技术和数字金融发展的关键支撑,是发挥区块链经济社会价值的重点环节。区块链是金融科技的重要技术,未来,区块链将逐渐建立起新的互联网社会生态和社会秩序,构建"秩序互联网"。

刘文献院长是中国乃至世界众筹金融领域的理论创新尤其是众筹生态体系构建的领军级人物之一。现在他以本书作为"解放众筹"三部曲的收尾,为我们描绘一个充满史诗意境的新众筹金融凤凰涅磐般的收获画卷,预言了通过区块链和大数据的"大河流",打造那个构建在区块链金融科技和大数据人工智能上的众筹新世界。我和刘文献院长是众筹金融的同路人,我们仍然坚信:众筹是人类历史上又一次伟大的金融革命。

同时,通过此书,我看到贵阳这座创新之城,正不断加强人才的培养和吸引,不断利用全新科技手段,发展实体经济。区块链、大数据作为一种技术手段,在银行、保险、互联网金融、大数据交易、现代服务业、大数据消费积分电商等领域取得突破,也伴随着实体经济不断发展。

在数字经济的带领下，结合西部大开发的政策优势，希望贵阳凭区块链之风，继续保持良好的经济增长势头，实现大数据金融业、内陆实体经济的腾飞。

是为此序！

中国人民大学法学院副院长、中国科技金融50人论坛创始人、

《众筹金融＋》作者　杨东

Chapter 1

区块链之下

第一节　恐惧和热望

一部分人坚定认为：区块链将重新定义整个金融市场。注意，是整个金融市场！

区块链自被创造之始，便以金融最重要的载体货币为展示方式，而更令全球金融界感到不可思议的是，这种独特的、数字化的货币，以自由、自治的方式，在存在 8 年之后，仍旧依据其创世规则有条不紊地运转着，没有崩溃，没有混乱，甚至没有过动荡。而这些，在人类社会金融发展历史上，从未出现过。

因此，自 2015 年开始，全世界科技和金融前沿的目光都投向了区块链这一貌似"神奇"的技术，一场区块链"军备竞赛"弥漫在全球所有最高端的实验室中。至于金融领域，当人们终于搞清区块链技术的平凡和背后所承载的价值理念、运维逻辑后，彻底感受到后背传来的刺骨凉意。

去中心化、去信用中介，这些能大幅提高效率的技术如果在金融应用领域得以成立，那么传统金融机构得以长期安身立命的基础无疑将受重创，而正挣扎在黎明前泥潭中的以技术创新为主导的新金融，则有了"柳暗花明"的机会，甚至"取而代之"的隐隐雄心。

正是基于这种千载难逢的机遇和万年不遇的重大转折可能性，金融，在区块链所有的应用领域中，成了全世界积极性最为高涨的一股力量。区块链如同科幻电影中的某种"末世武器"，在新旧阵营及其他阵营内部，展开殊死争夺。

在这个晚一步即死的时代，没有人敢怠慢。

尽管，他们还一知半解。

"老牌"渴望的新武器

全世界范围内银行典范、中国银行业近年来竞相学习的榜样、投资大师巴菲特的心头挚爱富国银行，自2013年开始，就不断被媒体报道银行客户有时会莫名其妙多出一项或几项未曾申请的业务，如一张信用卡、一个活期账户等。此后，消费者金融保护局（CFRB）等机构介入调查，最终在2016年9月爆出惊人调查结果——富国银行账户造假。

作为视信用为生命的富国银行，他们的雇员在销售目标和薪酬激励双重刺激之下在并未告知客户和未经客户授权的情况下，私自开设了200余万个账户，其中涉及存款账户150万个，信用卡56.5万张，通过伪造邮箱地址等方式，为不知情的客户开通网上银行业务，甚至将一些客户的资金擅自转移到未授权的伪造账户中，造成客户原有账户因资金不足或透支而被迫缴纳更多费用累计200万美元以上。

造假丑闻就像倒下的第一块多米诺骨牌，后续链条反应接踵而来。

一直作为业界销售标兵的富国银行（平均每个客户销售6个以上产品，而行业均值为3~4个产品），活期账户的开户数在丑闻后比往年同期下降25%，按揭转介下降24%，业务销售一度降为冰点。

市场遭遇重挫的同时，在政府机构中的良好信用也急转直下。美国政府货币监理署迅速介入，对富国银行开出史上最高罚单1.85亿美元。加利福尼亚州宣布未来12个月暂停投资富国银行的证券。伊利诺伊州决定，暂停对富国银行的证券300亿美元的投资，同时剥夺富国银行为期一年作为该州投资经纪商的资格。

双向夹击之下，富国银行股票大跌，甚至令巴菲特短期之内损失超过10亿美元以上，世界富豪榜排名被亚马逊首席执行官杰夫·贝佐斯超越，滑落到第四。而富国银行市值也被摩根大通超越，痛失宇宙第一大行宝座。但更为严重的是，丑闻之后面临着源源不断的法律诉讼，包括来自前员工、客户、股东的诉讼，以及富国银行股票持有者的集体诉讼。在世人眼中，富国银行经过一个多世纪积累起来的良好形象难以为继，甚至影响到了希拉里2016年的总统竞选，被希拉里抨击为"企业不良行为"的又一经典案例。

为应对监管层高压和挽回市场形象，富国银行聘请独立第三方咨询机构调查检视过去5年经营行为中的漏洞和问题，承诺向受到损失的账户退还总额约260万美元，向1%被调查账户给予均额25美元的补偿。担任富国银行首席执行官九年之久的约翰·斯顿夫，在63岁惨淡辞职，损失了1亿美元以上的离职补偿金和4100万美元的股票奖励。受此牵连，富国社区银行前首席风险官克劳蒂亚·罗斯·安德森，亚利桑那州首席地区总裁帕梅拉·康柏，前洛杉矶地区总裁及现任消费者信贷解决方案主管雪莱·弗里曼，以及社区银行战略与方案主管马修·拉斐尔森被辞退或被追究责任。

之后，巴菲特表示，富国银行在事实上付出的代价远超2亿美元，特别是银行信誉损失难以预计。市场对这一丑闻爆发的关注度，也不仅仅停留在富国银行一家身上，甚至人们普遍认为，伪造账户行为既然发生在美国最好的银行身上，那么在其他并非"最好"银行的业务中，或许存在更为可怖的实情。而2016年美国金融行业客户保护协会的数据似乎也从侧面支持了这一猜测，富国银行的投诉占有率（11%）几乎是几大行最低，美国银行为15%，摩根为12%，花旗银行为12%。

总之，这再次刺痛了老牌金融大佬们的神经。银行业的职业道德危机似乎再次攀登历史高峰，这让经济学家和市场普遍联想到2008年的次贷危机，时至今日，金融业的职业道德缺失，已经被认为是该次危机的主要原因之一，同时也是给稳定金融市场带来毁灭性打击的有效武器。

2016年美国注册舞弊审核师协会（ACFE）在其发布的《2016职务欺诈和滥用国家报告》中，将压力、机会和行为合理化机制界定为导致欺诈的"神圣三角"。该机构认为，任何一家机构当中，只有5%~10%的员工永远坚守原则，另有5%~10%的员工会为私利而不择手段，另外剩下的绝大多数，则会因为受到外界影响，如压力、诱惑等铤而走险，这就是所谓的"神圣三角"。富国银行在此事件中前后解雇了超过5000名员工，这些员工普遍将责任归结为银行的销售体制，即员工薪酬与销售业绩直接挂钩的做法。然而，这种业绩管理方式，却是在全世界范围内所通行的。中国市场作为最为活跃的全球市场之一，在近年的商业银行领域，更是掀起了向富国银行销售模式学习的高潮，中国银行界潜存的问题根据业内人士的看法，也不容乐观。

事实上，在很大一部分人的观点当中，导致金融危机的终极原因，并非其他，而正是人类本身。虽然经过了漫长的进化，特别是高度文明化后，依然从未摆脱贪婪、自私这些底层基因。在技术创新颠覆传统的时代中，传统金融不但面临着来自新金融的挑战，更有自身一直无法治愈的顽疾。这时，区块链作为一种不能被篡改、不能被伪造的底层技术出现了，历史顽疾似乎找到了它的"靶向药物"，同时，又可能是反超所谓"新金融"的武器。

因此，传统金融界在2009年比特币出现之时，便开始注意到区块链。但是，由于这一技术天然去监管机制与金融高监管现状存在先天巨大矛盾，因此对区块链的技术应用，直到近年才初步找到真正切入点。

未来也许漫长，但在征途之上，他们不敢丝毫懈怠。

"后来者"们热望的顶配

以技术创新为代表的新金融，在世界范围内被称为金融科技，在中国则被称为互联网金融。依靠现代互联网技术的快速发展，非金融机构在逐渐侵蚀传统金融机构的既定地盘，这些传统规则的颠覆者，在国际和国内范围内创造的一系列现实，堪称"奇迹"。

2016年8月26日，中国人民大学中国普惠金融研究院在普惠金融国际论坛上公布中国首份数字普惠金融报告——《数字普惠金融的实践和探索》，其被称作是中国金融及互联网金融交出的首份"普惠金融成绩单"。

在这份成绩单中，阿里旗下的普惠金融业务凭借优异业绩被重点"表扬"。2010年，"阿里小贷"创立，用于解决体系内商家的贷款需求，其首创的网贷"310模式"，即3分钟申请，1秒钟放贷，全过程0人工干预，将放贷效率提升到传统金融无法企及的"光速"。公开数据显示，在2013年5月18日这一天，阿里小贷在2小时内，为1.8万淘宝卖家提供了3亿元贷款，且不良贷款率只有0.9%。到2016年时，阿里小贷已经累计为400多万小微企业提供了近7000亿元贷款。2016年"双十一"期间，背靠阿里蚂蚁金服的网上银行，在9月、10月两个月的时间里，为133万卖家提供了信贷服务，累计放款额497亿元，每天放款量约2.2万户，户均放款额为3.7万元，平均每分钟放款给15家商户。这对传统银行业来说，是不可能实现的。

到2017年开年，蚂蚁金服更高调公布了一组骄人数据：阿里巴巴日均纳税1亿元，创造就业3000万。阿里巴巴和蚂蚁金服总计发放了8000多亿元的贷款，为超过500万小微企业提供了贷款服务。这些数据，被媒体用"马云再次力压四大银行，蚂蚁金服放贷8000多亿"的强势标题表达出来。

很显然，互联网金融已经在用实力刷出强烈存在感，金融科技创新所表现出的共享、便捷、低成本、低门槛、快速高效等特征，成为许多人眼中现代金融所应具备的标配实力，整个社会及金融界，对互联网金融都充满了期待。人类对技术的信仰，再次站在了风口浪尖。

然而，在另一方面，以P2P为代表的另一股互联网金融力量，却在高调猛进几年之后，在2016年急转直下，在金融界信誉、社会公信力，乃至大众道德层面，都遭受了冷冷敌意。网贷平台涉嫌欺诈、逾期、捐款跑路等传统问题还没得到解决，大学校园内的学生"裸贷"又横空出世，成功抢夺"头条"，再次刷出互联网金融"丑闻"新高度。

事实上，政府和市场都强烈意识到了互联网金融目前的巨大监管问题，而刚刚过去的2016年也被称为该领域的"监管之年"。2016年4月，国务院印发了《互联网金融风险专项整治工作实施方案》，P2P网贷平台成为监管层重点整治对象。8月，《网络借贷信息中介机构业务活动管理暂行办法》颁发，合规性监管成为行业硬性指标。虽然该"办法"给了市场为期一年的过渡期，但强硬的监管势头已经非常明显，整个行业开始"挤泡沫"。从数据上看，网贷平台的数量也在逐渐减少（见表1-1）。截至2016年12月初，P2P网贷平台仅有74家上线银行存管系统，这一数据仅占了正常运营平台总数的2.92%。

表1-1　　　　　　　历年停业及问题平台统计表

时间	停业及问题平台数(家)	涉及投资人数(万人)	占总投资人数比例(%)	涉及贷款余额(亿元)	占总贷款余额比例(%)
截至2013年	93	1.6	6.4	16.1	6.0
截至2014年	394	6.3	5.4	68.2	6.6
截至2015年	1688	27.7	4.7	171.1	4.2
截至2016年	3429	45.2	4.5	258.1	3.2
截至2017年2月	3547	48.4	4.4	268.1	3.0

资料来源：网贷之家、盈灿咨询

进入2017年，整个行业景气度更是降至冰点，截至2月份，全国仅有1家新上线的网贷平台。而行业内普遍认为，本年度网贷平台的整体数量将会进一步萎缩至1000家以内。

与之相比，互联网众筹的数据也并不好看。

网贷之家联合盈灿咨询发布的《2017年1月众筹行业报告》提供的各项数据显示：截至2017年1月底，全国各类型正常运营的众筹平台总计401家。其中奖励众筹平台数继续位居榜首，与2016年12月相比减少16家，达206家；其次是非公开股权融资平台，与2016年12月相比增加2家，为119家；混合众筹平台有60家，与2016年12月相比减少10家；公益众筹平台仍然为小众类型，仅有16家。1月全国众筹行业单月成功项目4739个，较2016年12月环比减少12.48%；共成功筹资14.29亿元，较2016年12月环比下降20.39%；参与投资人次达493.41万人，与2016

年 12 月投资人次相比，环比下降了 24.02%。

因此，2017 年互联网金融将面临严峻现实：金融监管趋紧，产业热情由高至低，市场竞争却仍旧是你死我活，不解决业务逻辑中的风险控制问题，整个产业将面临灭顶之灾。也就是在这个时候，区块链技术成为互联网金融从业者的新希望。何况，擅长科技创新的互联网金融领军者们，本身就是技术颠覆传统的拥趸。区块链去中心化、去信用中介、数据真实可靠的特性，正是互联网金融最需要的，仿佛梦中伊甸园，给了互联网金融凭借技术获取无可争议之信任，进而取代传统金融的无限可能性。

因此，出于摆脱眼前困境和掌握未来命运的需要，他们志在必得。

第二节　重置权利

事实上，自互联网诞生以来，电子货币因其方便性和难以追踪性，并能脱离政府和银行的监管，而一直作为一项热门研究被各种技术极客所追逐。换句话说，人们一直渴望，在世人最为关注的财富环节上，摆脱传统权力束缚，寻求极限的自由。

在这些追逐技术和自由的代表团队或个人当中，包括一个名为"密码朋克"的密码破译组织，创造了名为"电子现金"的匿名系统的密码破译大师大卫·乔姆，各种被寄予厚望的电子货币"比特金（BitGold）"、RPOW、b钱（b-money）等，虽然经历了各种实践，但无一例外都失败了。

他们所遇到的主要问题，就是数字货币如何解决复制和信用背书问题，最终的解决方案都需要借助传统金融机构的信用中介功能。直到比特币的出现，利用共享分布式记账方式的区块链技术，使得一种叫作"比特币"的电子货币最终摆脱了第三方机构的制约，新型货币完成了自我创世。

作为一种技术，它拥有高度自洁的品质。

作为一种应用，比特币成功建立了自治帝国，它自我生成，自我管理，自我监督。

貌似创世的开始

时间是2008年，背景是金融危机正在美国爆发并迅速在全球蔓延，存在了158年的雷曼兄弟宣布破产，愤怒的群众发起"抢占华尔街运动"，人们对政府和金融机构丧失信任，事实上，在大多数人心中，他们正是促成该轮金融危机的始作俑者。

与此同时，在互联网上重置了权利的数字货币终于诞生了。

历史是这样记载的：

2008年10月31日纽约时间下午2点10分，在一个普通的密码学邮件列表中，几百个成员均收到了自称"中本聪"的人的电子邮件，中本聪在邮件中这样写道："我一直在研究一个新的电子现金系统，这完全是点对点的，无须任何可信的第三方"。随后中本聪又将他们引向一个九页的白皮书，其中描述了一个新的货币体系。同年11月16日，中本聪放出了比特币代码的先行版本。

2009年1月3日，中本聪在位于芬兰赫尔辛基的一个小型服务器上挖出了比特币的第一个区块——创世区块（Genesis Block），并获得了"首矿"奖励——50个比特币。在创世区块中，中本聪写下这样一句话："财政大臣站在第二次救助银行的边缘。"

这句话是当天泰晤士报头版的标题。中本聪将它写进创世区块，不但清晰地展示着比特币的诞生时间，同时还表达着对旧体系的嘲讽。

毫无疑问，中本聪对于创世区块的注解，表明了这种技术背后所追求的价值倾向。

中本聪构建比特币的原因在比特币的第一个创世区块里面十分清楚地描述了：避免现在货币发行系统的通货膨胀，实现一个无通货膨胀的货币发行系统。他采用了模拟的算法，模拟现实世界中黄金的产生，构建了互联网黄金的产生机制。

如今，比特币已经成为数字货币领域的翘楚，拥有100亿美元的市值，全网算力超过1200P。全球很多国家都有比特币交易所，比特币的玩家也有几十万以上。

比特币的金融价值

尽管比特币出现的背景如此具备象征意义，但这一数字货币真正在金融领域引起重视，却是2013年以后的事情。在此之前，比特币只是作为一种小众的未被认可的技术载体被少数粉丝追捧和赏识。

在最初的2009年至2010年，比特币可以说是毫无价值可言。比特币在2010年被首次交易定价时，1个比特币的市值不到14美分。某位比特币爱好者甚至建了一个网站，在上面会毫无理由地大量派发这种数字货币。而另一位爱好者，则花费10000个比特币在网上购买了两个比萨饼。如今，这些比特币的价值将超过1200万美元（按照Coinbase交易所2017年3月3日比特币交易价格换算）。

直到2013年，伴随《福布斯》一篇名为《加密货币》的报道，比特币市值才从86美分跃升至8.89美元，并在一周之内暴翻3倍，达到1比特币兑换27美元。从此，这一数字货币成为自由互联网世界奇货可居的"数字金币"。同时，部分欧元国家的金融危机，使得比特币真正跨入大众金融视野，成为一种法币之外的国际避险投资标的和跨境资金流动载体。

典型案例是塞浦路斯宣布没收和冻结60%的居民储蓄，试图以此换取欧洲央行的援助。恐慌之下，人们发现了通过比特币进行资产境外转移的可行通道，这导致在两天之内，比特币价格就推高了 20%，并掀起了比特币的上涨狂潮。

各国政府和金融监管者们这时发现，在法币之外居然存在着这样一种不受任何限制的"法外之币"，这是不能被认可和接受的，各国政府对比特币的投机之风开始重拳打击。加之网络黑客利用比特币存储漏洞进行的各种攻击，造成了持币者的恐慌，尤其是当时最大的比特币交易站点 Mt. Gox 的破产，使得比特币价格半年中从最高时期的 1040 美元暴跌至 410 美元，到 2015 年，比特币一直在 200 美元附近上下徘徊。

然而，全球经济疲软和各国政府不遗余力的货币宽松政策，导致全球范围内出现货币贬值，刺激世界各个角落的人们再次寻求安全的资产存储方式——投资比特币重新受到追捧，截至 2017 年 3 月，比特币的市值重新攀上 1200 美元的高峰（见图 1-1）。

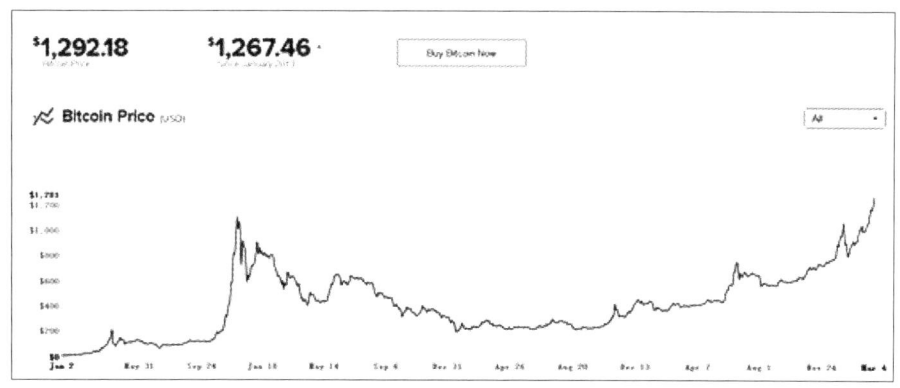

图 1-1　2013 年至 2017 年 3 月比特币价格走势

资料来源：美国 Coinbase 比特币交易所

Breadwallet（一款为 Apple iOS 设备打造的比特币钱包软件，代码开源）联合创始人兼首席执行官 Aaron Voisine 说："我预测 2017 年将会看到比特币被很多货币经理和金融顾问承认为一种合法的'无关联资产'。当然，所有稳健的金融顾问都会建议多元化资产投资组合。然而，如果这些资产价值都朝着相同的趋势发展，那么这种多元化对你来说没有太多好处。为了实现多元化，你需要在一些资产价值下跌的时候去持有一些价值上涨的资产。比特币就是一个完美的例子：这种货币在恐惧和经济动荡的时代已经展现出价值上涨的趋势，我认为很多货币经理都会开始将比特币添加到他们的投资组合中。"

假如没有政府的强力打击，比特币在现有金融环境中继续上涨的逻辑貌似是很合理的。一方面，全球范围内的资产避险情绪高涨，人们普遍在寻找更为安全的投资产品。另一方面，比特币总量既定，伴随时间流逝，获取成本越来越高，获取的可能性越来越小，造成了某种稀缺的市场现象。这些，都使比特币本身获得了越来越多的金融价值。

《区块链革命》合著者亚力克斯·塔普斯科特也表示全球金融环境对比特币的态度在日趋转好："2017年大型银行将会实时测试数字法定货币，如果运行良好，那么将会导致更大规模使用。另外，大型银行将会开始将大量OTC交易转向私人分布式账本的实时结算。如今摩根大通、高盛集团、巴克莱银行和桑坦德银行正在引领这种趋势。每个行业的大小企业都将开始开发一种区块链战略，聘请IT精英和推出实行项目。我说的这些公司包括保险商、医疗服务提供商、音乐制片公司、国防承包商，等等。"

比特币作为数字资产，被越来越多的专业投资人所认可。比特币作为数字货币的成功典范，也存在成为合法数字货币的潜在可能（当然，以不同形式存在）。这些，都被认为是比特币重要的金融价值。

而且，当人们以为金融科技将代表和颠覆传统金融时，却发现区块链才是他们真正要寻找的东西。因为，无论是大数据金融，还是AI金融，都只是风控和业务层面的革新，金融的底层密码从未被改写，甚至很多人认为那是不可被改写的，但是区块链使这些理念彻底动摇，作为金融的根本，支付结算、信用中介、交易规则和系统交易等，区块链技术对准的区间，恰恰正是金融底层规则。

因此，比特币最重要的金融价值，是背后区块链的技术逻辑和价值趋向。在许多内部人士看来，这有可能是金融权利重置的一个开端，虽然结局还无人可以预测，但至少已经开始。

第三节　无限可能和一致共识

时至今日，在全球范围之内，对区块链这一"无限可能"技术的成功应用案例，仍旧是中本聪的比特币，而且在那些被人们给予无限遐想的领域，被捧上神坛的区块链在那些核心技术人士口中也未必能完全阐述清楚，但是，这一切都无法打消人们对区块链的疯狂，在金融、大数据、物联网等领域，区块链都是最时髦的话题。假如在这样的主题论坛上，人们没有用这个概念进行恰当自我包装，毫无疑问将被打上掉队的标签。

因此，区块链在世界，当然也在中国整个技术和金融前沿阵地上，是一种对其远大前景存在一致共识的存在。而自2015年开始，区块链的技术储备、实践乃至竞争，在2016年及已经到来的2017年，初步展示了部分成果。

抢入风潮已经开始

对区块链的一切评论和定性，都还为时过早。但就像20世纪90年代初的互联网技术一样，风潮已经涌动，没有人愿意错过新时代。

至2016年，区块链风潮在世界范围内风起云涌，大事件频出：

2016年5月，中国平安成为R3区块链联盟首个中国成员企业。R3区块链联盟由40多家全球大型银行和其他金融机构组成，旨在制定银行业区块链技术开发的行业标准，以及探索实践用例，并建立银行业的区块链组织。它是目前全球最大、成员含金量最高的区块链联盟。

2016年6月，专注于提供国家货币兑换服务的互联网金融公司Circle获得由IDG资本领投的6000万美元D轮融资，而IDG资本亦是其C轮融资的领投方，百度、中金甲子、光大控股、万向和宜信等也成为本轮投资的重要参与方。

2016年7月，Filament宣布完成500万美元的A轮融资，投资方是Bullpen Capital、Verizon风投和三星风投。Filament是一个使用比特币区块链的去中心化的物联网软件堆栈，能够使公共分类总账上的设备持有独特身份。根据不完全统计，区块链领域创投金额在2015年超过10亿美元，2016年，该数字则可能已经翻倍。

2016年年底，一个由多家国际性银行及金融机构参与的基于区块链技术的黄金交易平台完成首轮测试。本轮测试共有600块测试金砖参与结算，该平台是由欧洲结算系统Euroclear和区块链创业公司Paxos合作成立。参与建立该平台的金融机构有包括法国兴业银行、花旗银行、丰业银行在内的多家国际性银行。交易清算服务机构Euroclear 2016年早些时候首次对外宣布正在推进该项目，旨在为伦敦金银市场上不记名登记的金砖提供更快捷、更廉价的结算服务。

在中国，BAT纷纷试水区块链。蚂蚁金服宣布，将首先在支付宝爱心捐赠平台落地区块链技术。百度、腾讯也不甘落后，分别通过战略合作、加入联盟等方式，搭上了区块链驶往未来的列车。

作为产业风向标的中国股市，也从2015年几只区块链概念股，递增到如今近20只（见表1-2）。上市公司或多或少在用这一概念彰显企业的未来价值，但这也足以说明敏感的资本市场对其展开追逐的热诚之心。

表 1-2　　　　　　　　中国股市区块链概念股

股票代码	股票简称	概念解析
300377	赢时胜	2016 年 4 月 11 日公司表示，公司目前有区块链方面的技术储备，但处初始阶段；2016 年 7 月 28 日晚间公告，因参股公司战略发展需要，拟使用自有资金出资人民币 4 亿元，参与东吴在线融资，认购东吴在线增加的注册资本。此次增资东吴在线，将充分利用其在资产管理和金融机构服务领域的资源优势，以及其致力于"科技改变金融"的战略执行力，将在金融科技如人工智能、大数据、区块链等方面的研发予以部署实施，探索金融科技新技术应用研发与国内金融实务和创新的融合发展。
300386	飞天诚信	2016 年 2 月，公司表示目前在区块链技术有一定的技术储备和研究。公司未来将积极参与数字货币及其他区块链技术产业。
002268	卫士通	2016 年 4 月 11 日公司表示，公司目前区块链还处于前期技术储备阶段，暂无相关应用。
000961	中南建设	2016 年 11 月 8 日晚间公告，公司拟以 400 万美元参与 PeerNova 公司 pre-B 轮可转换票据融资，按照公司与 PeerNova 公司约定的相关条款，1 年后公司可以将可转换票据转换成 PeerNova 公司 5% 的股权。此外，公司与 PeerNova 公司拟于 2017 年 6 月 30 日前在中国设立合资公司，公司以现金方式出资，占合资公司 51% 的股权，共同发展中国市场，其他关于合资公司的细节待进一步商定。PeerNova 公司属于区块链技术型公司，其在分布式系统、区块链技术、网络解决方案、编译技术、大数据和金融服务方面拥有专业经验，其开发的一套基于 Cuneiform 平台的程序，为美国知名银行在利用区块链技术跟踪投资资金流向方面提供解决方案；2017 年 1 月公告，公司拟出资 2.97 亿元（占股 99%），设立中南建设区块链农业发展（深圳）企业（有限合伙）。该合伙企业将以股东身份，与北大荒成立合资公司"北大荒粮仓股份有限公司"。合资公司基于原产地农业大数据打造农产品交易平台和金融平台，以区块链技术作为底层建立封闭农产品供应及认证追溯体系。其中，合伙企业公司出资 2.9999 亿元持股 80%。
002063	远光软件	2016 年 6 月 20 日，公司表示，公司对区块链技术及应用正在积极研究中，并通过参加国内外区块链的相关技术峰会加强与业界的探讨和交流。

续表

股票代码	股票简称	概念解析
002537	海立美达	公司子公司联动优势已成为金链盟、中关村区块链产业联盟的会员。
002152	广电运通	2016年3月23日公司表示,很早就关注数字货币的发展趋势,围绕数字货币的行业发展需求,公司已成立专门团队开展相关工作,包括区块链技术的研究。
600598	北大荒	2017年1月公告,公司拟与中南建设设立合资电商公司,在北大荒农业物联网基础上引入区块链技术,建立封闭的农产品供应及农产品区块链认证追溯体系,打造农业电商平台。合资公司注册资金3亿元,北大荒货币出资1元,持股20%,其余由中南建设为主要出资人的合伙企业——中南建设区块链农业发展(深圳)出资,持股80%。
002649	博彦科技	公司是"中国区块链技术创新与应用联盟"的常务理事单位。
002177	御银股份	2016年4月13日公司表示,区块链技术最近由于在互联网金融和支付行业的应用得以引起广泛关注,相对于集中模式,它能够更加快速、有效、低成本解决信用认证的问题,目前公司正组织团队进行研究,希望能利用区块链技术在信息安全及身份识别领域的应用机会,来提高公司产品的安全和效率。
300542	新晨科技	2016年9月29日公司表示,公司现在在做区块链技术方面的研发。
600588	用友网络	2017年1月份,公司拟出资168万元受让博晨技术5.2366%的股权。受让完成后,公司占博晨技术总股本的5.2366%。博晨技术是一家定位于区块链技术标准与解决方案的研究、开发,区块链应用系统的部署及运营的创新企业,核心团队拥有一定的区块链领域研究积累及开发经验。
002610	爱康科技	2017年2月9日午间公告称,公司控股股东爱康实业与上海冰鉴信息科技有限公司签订了《战略合作协议》。根据框架协议,双方将共同投入资源设立能源区块链实验室,其中爱康实业主要负责基本的运营成本、冰鉴科技负责投入其相关现有技术并负责组建技术团队。为此,双方将合资设立一家公司专门用于组建和运营区块链实验室。在金融征信领域,爱康实业将促使其关联公司爱康富罗纳金融信息服务(上海)有限公司基于实际需求和具体应用场景向冰鉴科技采购风控模型定制及相关服务。

续表

股票代码	股票简称	概念解析
600570	恒生电子	公司运用区块链技术实现基于联盟链的数字票据系统。
600446	金证股份	2016年5月31日，金融区块链合作联盟（深圳）成立大会暨第一次成员大会在深圳正式召开，公司为大会发起成员之一。
300465	高伟达	2016年8月公司公告与中信集团正式签订《战略合作协议》，就互联网、物联网、大数据、云计算、区块链等领域建立深度战略合作关系，共同推动业务模式的系统化创新，支撑和引领中信集团产业互联网战略规划的落地和发展，合同为期三年。根据公告，第一阶段双方具体合作内容包括但不限于集团和子公司物联网和区块链应用开发。
300468	四方精创	2016年5月31日，金融区块链合作联盟（深圳）成立大会暨第一次成员大会在深圳五洲宾馆正式召开，公司为大会发起成员之一；2017年3月1日早间公告，公司2月28日下午3时与国际商业机器中国香港有限公司召开了新闻发布会，发布会公布了公司与IBM开展项目合作并签署了一项《业务合作协议》，此项合作内容包括在公司总部成立四方精创区块链创新中心，双方将组成区块链专家团队，协助客户的解决方案开发。

资料来源：同花顺，截至2017年3月2日

政策环境趋于改善

自2016年开始，随着区块链技术的发展和对其应用前景趋于乐观，中国开始了自上而下的强力推动：

2016年10月，"陆家嘴区块链金融发展联盟"在上海成立，标志着中国国内初步形成了区块链区域性发展的"北、上、广"三足鼎立新格局。

中国央行于2016年选择在票据业务场景搭建区块链技术应用原型系统，研究其技术成熟度和业务适配度，验证其在金融行业规模应用的可行性。

2016年，在工信部信软司和国标委指导下，中国区块链技术和产业发展论坛发布了《中国区块链技术和应用发展白皮书》。

2017年，在国务院印发的《"十三五"国家信息化规划》中，首次将区块链列入国家信息化规划，并将其定为战略性前沿技术。

2017年1月，央行推动的基于区块链的数字票据交易平台测试成功，由央行发行的法定数字货币已在该平台试运行，并将成立研发中心持续完善。

2017年2月，由贵阳政府主导的《贵阳区块链发展和应用》白皮书正式对外发布，该白皮书围绕"主权区块链"、"绳网结构"理论、秩序互联网等理论创新，提出了贵阳发展区块链的顶层设计。

2017年2月26日，中国区块链应用研究中心（上海）正式揭牌成立。

……

事实上，当央行发布了关于数字货币相关进程后，世界各国对此持有不同的看法。其中一部分人固执地认为，世界的中心毫无疑问仍在西方，对于新技术及技术的应用，大家也习惯于向西看。但是，如果从金融科技在全世界发展的现状做客观评价，会发现那些所谓的"劣势技术"国家，已经俨然出现了反超的势能。中国的互联网金融技术及应用，就是最好案例。我们称这种特殊情况为"后发优势"，即原本劣势技术国家，传统金融根基并不够深厚，负担和行业壁垒小，无论政府还是民间，都对技术更新抱有更为积极的态度，颠覆、破坏和重新创造同时在进行，日新月异。

这种情况同样发生在区块链领域，而更为神奇的是，也发生在中国经济技术严重不平衡的各个省份区域。人们甚至难以相信，在北京、上海、广州、深圳之外的中国贵阳，竟然提出了"区块链城市"这样政府级别的顶层规划，而在过去的几年当中，贵阳分别用"大数据之谷"、"世界众筹之都"做过自我标识，现在，这些积累，通过区块链神奇地连接在了一起。

Chapter 2
区块链价值观

第一节　技术也有价值观吗

质能方程 $E=mc^2$，是原子弹的理论基础。其缔造者爱因斯坦，也是最早向美国政府呼吁研发原子弹的人。只不过，当原子弹在广岛爆炸之后，他却坚定地站在了核武器的对立面。

"1945年8月6日，当爱因斯坦在纽约萨朗那克湖边从《纽约时报》的一位青年记者那里知道了日本广岛遭原子弹轰炸的消息时，感到极度震惊。作为推动美国开始原子弹研究的第一人，爱因斯坦不无遗憾地说：'我现在最大的感想就是后悔，后悔当初不该给罗斯福总统写那封信……我当时是想把原子弹这一罪恶的杀人工具从疯子希特勒手里抢过来。想不到现在又将它送到另一个疯子手里。……我们为什么要将几万无辜的男女老幼，作为这个新炸弹的活靶子呢？'"[1]

不仅仅是爱因斯坦，战争让更多参与原子弹研发的科学家深感愧疚。"原子弹之父"奥本海默觉得他很有可能参与创造了一个人类自我毁灭的技术，而另一位发现了原子弹材料——铀235的德国科学家哈恩，认为自己应该对日本广岛悲剧负有责任，并在多个场合表示，他深深惊恐

---

[1] 马栩泉:《核能开发与应用》，化学工业出版社，2005年1月第1版。

于自己的研究成果应用于战争所带来的可怕后果,为此受到了良心上的责备。

此后,以爱因斯坦、罗素为代表的一部分科学家开始了正义和平的呼吁,先后签发了《关于核武器的声明》(即著名的《罗素-爱因斯坦宣言》),召开了讨论如何控制核武器和达成全面裁军,科学家如何承担社会责任的"帕格沃什科学和世界事务会议"(Pugwash Conferences on Science and World Affairs),并延续至今,成为著名的"帕格沃什运动"。

显而易见,科学技术一直承载着人类自己的价值观。

互联网的精神传承

在"知乎"上有一个被认为是"有史以来最玄奥的"话题:什么是互联网精神?

一位IP名为keso的网友答道:"互联网精神,来自互联网的最初设计:对等、开放、容错、共享、去中心、自组织、非商业,等等。"①

非常有意思的答案,不是吗?

让我们回顾"前互联网时代",虽然每一台电脑拥有史无前例的强大计算功能,但是在每台电脑上的工作成果,却很难"平移"到另外一台电脑,它们互无联络,老死不相往来。改变这种局面的,正是那些缔造互联网的伟大极客们,他们秉持着"一切电脑生来平等"的理念,创造了TCP/IP协议,成就了今天万物互联的局面。这一互联网的基础协

---

① 资料引用:知乎网。

议，成为电脑世界最为基础的互联、互通规则，而且它不依赖任何特定的计算机硬件或操作系统，不依赖特定的网络传输硬件，既是一种开放、自由、平等的互联网协议，也代表着互联网世界中关于开放、自由、平等的价值取向。这一价值取向，最终在最大化的程度上实现了"资源共享"。Vinton G.Cerf 作为 TCP/IP 协议的关键人物，也因此获得了"互联网之父"的称号。这些基石的创造者们，孕育的是一个史无前例的共享新世界。

经过近半个世纪的发展，到 2016 年，国际的互联网是这样的拓扑，每个点是一张网，整个世界被无数网络所覆盖（见图 2-1）。

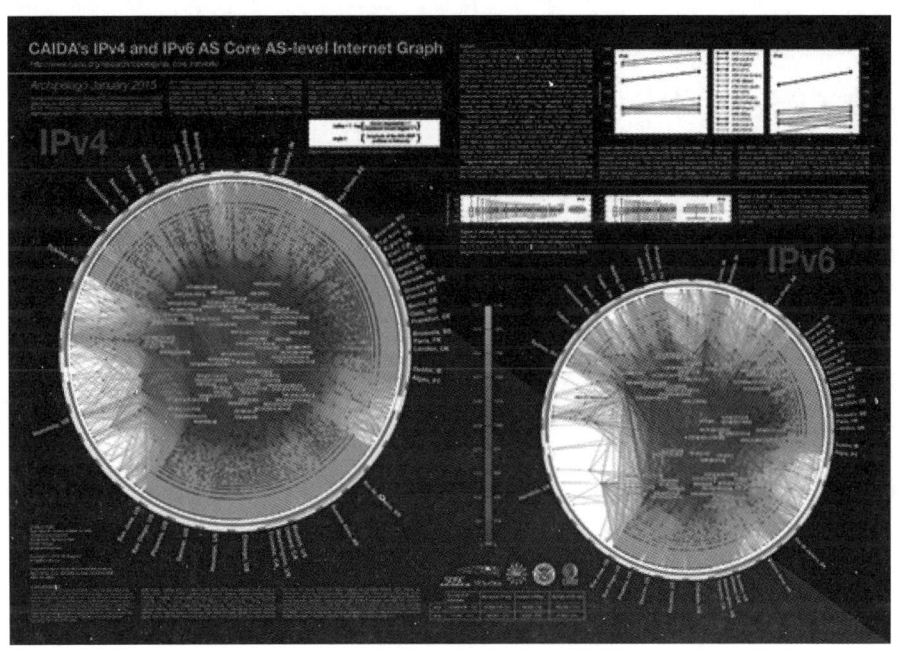

图 2-1　2016 国际互联网拓扑图

资料来源：CAIDA/ 应用互联网分析中心，http://www.caida.org/

而互联网精神和技术世界的追随者们，普遍认为互联网精神，正是20世纪70年代技术极客们经过苦心钻研而创造的互联网基层网络精神，这种精神代表着去极权的平等，去中心的分散，是生而自由，是共享共建（听起来跟区块链技术有很大的契合度）。

这是互联网的底层基因。今天鼎力世界各地的巨型互联网公司，在诞生之初，基本上也秉持某种"高洁的道德情操"。例如Google的企业信条中，最为著名的就是：Do not be evil，即不作恶。

这家90%的利润依靠广告收入的公司，经常拿来与百度作对比。虽然Google在历史上也曾有过"道德污点"，然而，近年来他们却持续地在进行着"网络自洁"运动，每年持续向外部公布一份Better Ads Report，姑且称之为"更好的广告报告"。在2016年的该份报告中，Google表示：为了保护消费者免受误导以及不恰当或有害广告的侵害，Google一直致力于为网络打造一个更好的平台。报告显示，在过去的一年当中，Google拦截了17亿条不良广告，这一数据是2015年的两倍还多[①]（见图2-2）。

Google可持续广告总监斯科特·斯宾塞说："一个自由和开放的网络是一个世界各地的人民和企业的重要资源，可以确保你获得准确、有质量的在线信息。其中广告扮演着一个关键角色，但糟糕的广告可以毁掉大家的在线体验，促进非法产品和不切实际的信息传播，欺骗人们分享个人信息和感染有害软件。不良广告对用户构成威胁，最终危害谷歌的合作伙伴，和开放网络本身的可持续性。"

---

① 资料来源：*Google releases "Better Ads Report" for 2016*。

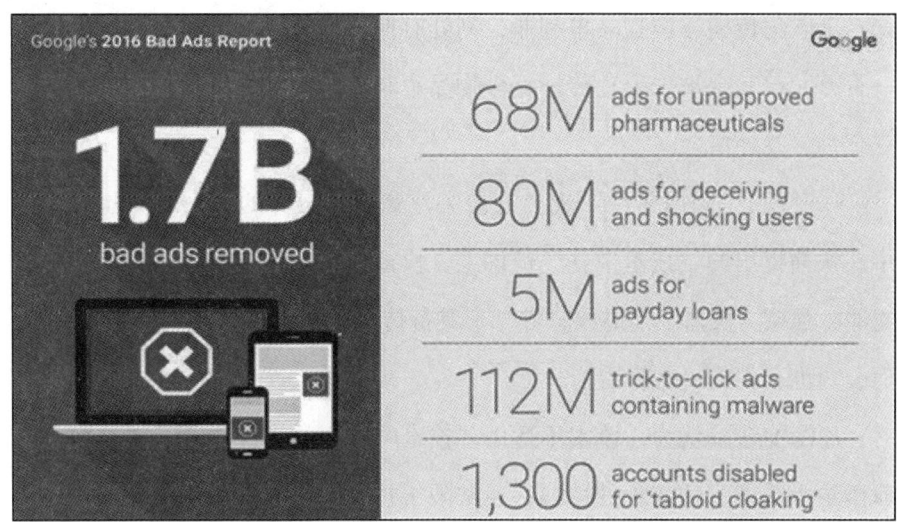

图 2-2　*Google releases "Better Ads Report" for 2016*

资料来源：http://www.afaqs.com/news/story/49774_Google-releases-Better-Ads-Report-for-2016

从这一点上说，百度也许找到了掉队的原因。毕竟曾经的战友，马云很早以前就宣告过："互联网不仅仅是一种技术，不仅仅是一种产业，是一种思想，是一种价值观。"

从快播到头条的争论

最近，国内互联网圈内似乎又迎来一波关于技术是否应当持有的价值观的讨论。

其话题的发端可以追溯到"快播事件"。

2016年9月13日，北京市海淀区人民法院对深圳市快播科技有限公司和王欣、吴铭、张克东、牛文举传播淫秽物品牟利案一审进行宣判：深圳市快播科技有限公司犯传播淫秽物品牟利罪，判处罚金人民币一千万元；王欣犯传播淫秽物品牟利罪，判处有期徒刑三年六个月，罚金人民币一百万元；其余被告人犯传播淫秽物品牟利罪，判处有期徒刑三年至三年三个月，并处罚金。

一时间，"快播事件"成为社会关注焦点，案件的一个最大焦点也集中在快播提出的"技术中立"辩词上。快播公司认为，自己的行为不构成犯罪，强调"快播"是播放软件，不具备传播属性，传播者是上传视频者，而公司也有相应的监管措施。

而海淀法院认为：该案不适用"技术中立"的责任豁免。以技术中立原则给予法律责任豁免的情形，通常限于技术提供者。对于实际使用技术的主体，则应视其具体行为是否符合法律规定进行判断。恶意使用技术危害社会或他人的行为，应受法律制裁。

法律的态度是非常明确且十分冷酷的。尽管案件至今存在一些争议，但结果无可更改。

最近，关于"技术中立"的讨论则源于2016年12月"今日头条"创始人张一鸣接受《财经》杂志的采访。在采访中，风头正劲的张一鸣表示，技术是中立的，不干涉可能是最好的分发信息的原则，"今日头条"拒绝价值观先行。

这一观点马上遭到"豌豆荚"创始人王俊煜的呛声：技术是有价值观的，取决于你做什么；面对现实，不意味着沉迷于现实、不断放大人性的弱点；最后，即使是普通人，也有娱乐之外更高的追求。

而且搞技术出身的王俊煜以技术为立足点进行了反驳：当你不仅设计了一套算法来鼓励高点击率，还用广告分成激励点击率高的内容创作者时，就是价值观的体现。意指"头条"表面上宣导技术中立，实际上却在用技术的方式促使人们去点击和浏览更多无意义的内容。同时王还提出了优化方向，改变高点击高推送逻辑，而使用更合理的算法，例如用户停留时间、分享次数等，从这些维度筛选出的结果，更能反映内容对用户的价值。

尽管"头条"在运营上获得了巨大成功，月活跃用户1.5亿、每天接近7000万人花费76分钟这样一些惊人的数字，但是仍旧不能说明这是在做一件正确的事情。相反，却让一部分人联想到另一家同样强调技术中立的信息分发公司：百度。

不知道为什么，不知不觉间，"技术中立"貌似成了某种技术为恶的冠冕包装。

企业家中的"著名相声艺术大师"、被一部分青年人奉为精神导师的罗永浩，多次在产品发布会上不无骄傲地向全世界宣布：锤子科技很牛，因为这是一家输出价值观的企业。当然，输出的是正向价值观，加上近乎强迫症般的审美价值观。

但不管如何，人们仍旧普遍认可和尊敬那些拥有优秀价值观的企业，热爱那些输出优秀价值观的技术，人们愿意相信，社会进步的基础建立在此之上，只有这样，才能更好地掌握未来的命运。

英国《卫报》曾对DeepMind创始人戴密斯·哈萨比斯作过一次很有意义的专访，当被问到人们担心人工智能未来可能背判人类时，戴密斯的回答是："技术本身是中立的，但它是一个学习系统，因此有一点无法规避，技术会承担一些设计者的机制体系和文化印记，所以我们需要非常谨慎地思考这些价值观。"

那么，DeepMind公司到底是什么所在呢？

它是Google收购的一家世界前沿的人工智能企业，由该公司开发的AlphaGo，在2016年3月，以4：1击败韩国围棋冠军李世石，成为近年来人工智能领域少有的里程碑事件。

第二节　区块链的价值观

区块链就像互联网本身一样，自降临人世之时，就带着先天的价值取向。

我们无法否认，在这一点上，技术和技术之间也存在着很大的差别。每种技术的应用指向性，决定了它自带价值观基因的强弱。

例如，前文提到的 TCP/IP 协议族群下，有 TCP 和 UDP 两种协议，TCP 协议的最大特点是它会确认传输的数据是否到位，而 UDP 则不进行确认，只管传输。举例，QQ 早期为了降低宽带耗费压力就使用了 UDP 协议，于是 QQ 用户时有丢失消息的现象，即对方说话，你却并没有收到。而现在的微信，则不会出现这种情况，信息如未发送给对方，会有未发送成功提醒。那么，对这两种技术而言，很难在形而上进行区分，只能将效率和资源等作为系数进行评价分析。

而区块链则不同，其技术本身最大的特点和价值，正是那些形而上的价值观：去中心的，开放自由的，透明真实的，共享共建的……从这方面讲，区块链真是一种充满人格魅力的存在。

从事区块链技术开发的井通公司首席执行官武源文认为："区块链技术的革命性与互联网的上一个革命性技术——TCP/IP 协议相并列，TCP/IP

协议用代码协议彻底打破了信息传递过程中在物理空间、中心控制，时间跨度以及成本上的限制。而区块链技术的出现，在于解决了互联网的 TCP/IP 协议所不能解决的信息传递的真实性问题，以及互联网上进行价值存储和传输问题。区块链作为新一代互联网基础性技术，将会通过互联网的应用逐渐传导至社会经济生活的各个环节，带来众多领域的模式创新，甚至会颠覆和重塑现有很多商业模式、行业运行和治理体系。其目前的发展，已经引起了世界范围内的广泛关注和各界高度重视，作为一个迭代性的重大创新技术、一种全新的底层协议构建模式，目前大家普遍认为这项技术将推动互联网从信息互联网向价值互联网、秩序互联网升级换代，彻底解决互联网环境下的信任问题，从而加快推动数字经济的快速发展。

消失的中本聪

在各种心灵鸡汤文字中我们常常看到这样伟大正确的逻辑：你想成为什么样的人，你可能就会是什么样的人！

同理也可以推论，你是什么样的人，就可以造出什么样的东西。

区块链身上所展现出来的品性，貌似正是中本聪本人所追求的。

中本聪，比特币之父，在技术世界被看作神一样的存在，他最早发布了比特币白皮书，缔造这一构想，并在三个月后编写了比特币最早的版本，令无数人膜拜他神迹一样的设计思路和工整代码，然而，却从来没人在现实中见过真实的他，也没有人知道真实的他到底是谁！

2009 年，中本聪在芬兰赫尔辛基的一个小型服务器上挖出了比特币的第一个区块——创世区块。

2011 年，他对外表示自己有了新的项目，自此淡出比特币的日常维护和开发工作。后来的追随者和维护者们甚至在比特币项目中贡献了更多的代码，然而中本聪却再也没有就比特币问题发表过任何看法。

直到 2014 年 3 月，《新闻周刊》发布一篇文章，声称他们找到了"中本聪"本人，是一名居住在加州的日裔美国人，名叫 Dorian Nakamoto。该文章发表后三天，真身中本聪在网站上发布了一条信息："I am not Dorian Nakamoto。"（我不是 Dorian Nakamoto。）

这是迄今为止公众所知道的，中本聪本人给这个世界留下的最后一个公开的声音。然后，他就消失在茫茫互联网当中，只留给世界无数的解不开的谜。

自 2009 年比特币创世之始，中本聪到底为何人，就成为人们永未放弃寻找的一个答案。在此期间，美国《新闻周刊》、《快公司》、BBC 等知名媒体，找到过无数疑似真身，而最近也是貌似最接近真相的一个疑似真身是 2016 年 5 月 3 日，澳大利亚籍计算机科学家和商人 Craig Wright，他主动站出来，向 BBC、《经济学人》杂志、《GQ》杂志三家媒体亮明身份，试图向全世界宣布并令人们相信他就是中本聪本尊。

应该说，Craig Wright 几乎做到了，他用一系列证据证明了自己跟比特币有千丝万缕的联系（用九矿的私钥加密了一段 1964 年 Jean-Paul Sartre 拒绝接受诺贝尔文学奖的演讲片段；向《经济学人》展示了一矿的验证过程，并且整个过程还有两位比特币基金会成员作为见证者：Jon Matonis 和 Gavin Andresen，后者还担任了整个比特币社区的首席开发者角色），甚至向 BBC 表示"我不想要钱，不想要名气，也不想要人们的崇拜，我只想不被外界打扰"这样非常具有"中本聪色彩"的意愿。

然而，Craig Wright 后来的种种行为让他与大众认知中的"中本聪"渐行渐远。他不仅对名利表现出异常强烈的渴望，而且，也是更为"可怕"

的，在最新的相关消息中，此人正在申请有关区块链和比特币的一系列专利。

去信任中介是区块链技术最迷人的特性之一，而现在，这位"中本聪"却在试图通过各种方式向外界证实自己的身份。

那个消失的中本聪，虽然在互联网上只有很少的相关言论，但是关于他"自由主义的立场"却是被大众认可的。

例如，在创世区块上，他引用了当日泰晤士头条"财政大臣站在第二次救助银行的边缘"，暗合了当时人们对政府和金融体系的失信。

在IRC中，中本聪留下过这样的言论："SatoshiIt's very attractive to the libertarian viewpoint if we can explain it properly. I'm better with code than with words though."意思是：如果我们能恰当地表述比特币系统概念的话，对自由主义者来讲那会是非常有吸引力的。不过，我更擅长编程而不是言辞。

更为重要的是，中本聪本可以站出来，接受"比特币之父"、"虚拟货币之父"这样的荣光，并被载入史册、流芳百世，但是他选择了隐匿。这意味着，这个人创造了一种事实上已经被全球认可的资产，可以不受各国政府限制自由流通，被成千上万的人顶礼膜拜，甚至这项技术也已经被主流社会积极接纳，但是，这个人却选择放弃成为世界偶像，放弃了对比特币及区块链技术的相应权利（比如知识产权）。

在全世界的瞩目之下，这个人创造了区块链，同样在全世界的瞩目之下，区块链的发展却与他没有任何关系。

即使在精神上，中本聪也让区块链"去中心化"了。

所以，正是这样一个消失的中本聪，缔造了这样的区块链技术。

对于更多了然中本聪精神的人来说，谁是中本聪已经并不重要，在现实世界中，那些追求更自由、公正世界的人，可能都是中本聪。

"超出物外"的技术

在比特币之前，世界上没有任何一种真正意义上的货币可以超脱于主权和金融机构之外而存在。区块链用技术改写了这一历史。其所依赖的，是去中心化和去信用中介这两个利器。

1. 去中心化

区块链是一个公开的、透明的分布式账本，在不存在作为中心的硬件或管理机构、不需要任何第三方介入的情况下，使用共识算法来记录和校验所有交易记录，用数据区块（Block）取代了目前互联网对中心服务器的依赖，使得所有数据变更或者交易项目都记录在云系统之上，实现共建共享。没有中心，同时每个节点又是中心，即每个参与者成为自己的中心，实现点对点（P2P）。

同时，更多的技术极客认为，存在有中心的"区块链"并不是严格意义上的区块链，就像有中心的虚拟货币不属于真正的加密电子币一样。可以定义有中心的链，叫私链。私链并不是区块链的一种。

关于区块链中很重要的P2P多点共享协议，其实人们并不陌生。很多人用过至少听说过的BT（Bit Torrent）下载，就是2003年美国加州一名叫作布莱姆·科恩的程序员开发的P2P共享协议软件，其工作原理就是每一个下载者同时又是服务器，所以不需要固定的中心服务器，克服了传统下载方式的局限性，具有下载的人越多、文件下载速度就越快的特点。这一创意，当时引起整个IT界的震动，当然也可能给很多后来者带来了必要的灵感。比如区块链，就是建立在P2P去中心的思想基石之上。

2. 去信用中介

区块链被称为信用制造机器，可以完全不依赖任何信用中介（人、物、机构），通过公开写入信息，信息全链条节点备份的方式，让区块链记录的每一个行为具有全网共识的特点。被记录的信息，成为永久记录的历史，享受着极高的安全性。任何单个节点上对信息的修改，都是无效的。即使单个节点被摧毁，也无法影响总账本中信息的真实性。

区块链在理论上存在"51%算力攻击"的问题，时至今日，无数黑客希望攻陷区块链的代表作比特币，然而截至此刻区块链的世界仍旧是高度安全性的典范。而且，即使发动"51%算力攻击"取得成功，也只能修改新近刚刚诞生出的区块链记录，对于历史记录，则无法进行修改。

区块链在人类历史上第一次用数学算法，取代了信用中介。

于是，有一些人认为，区块链本身是对权力的解构，是用技术实现自由，是超脱由权力构成的现实世界以外的存在，是未来世界的基础设施。

事实上，比特币真的做到了这些。我们能找到的一个著名案例发生在2011年，"维基解密"发布了几十万份美国国务院与美国驻外大使馆之间联系的秘密文传电报，这让美国政府震怒不止，不仅派人攻击维基解密网站令其瘫痪，而且致电各大金融机构，向银行、信用卡支付机构、PayPal等电子支付平台施压，明令封锁维基解密创始人朱利安·阿桑奇和"维基解密"所有相关的金融账户。

但是，阿桑奇并没有束手待毙，他通过Twitter向全世界发出救援，宣布愿意接受比特币作为资金来源。随后，奇迹发生了，源源不断的比特币作为资金援助转移给阿桑奇，让"维基解密"依靠比特币渡过这场生死危机。

第三节　价值观之上的想象力

技术的发展，总会带给人们关于未来的无限想象。正如 AI 击败围棋大师，引起人们对智能机器的担忧一样，区块链技术在自由领地上的驰骋，似乎也令很多机构感到地位岌岌可危。

事实上，伴随互联网的发展，信息和信息交流日益通畅，每个个体正在摆脱传统的所谓的"主流系统"，自成中心进行发展，就像区块链的每一个节点，个体虽然在事实上仍旧渺小，但是，他们不再愿意屈从于"上层意志"之下。经过千百年进化发展出来的集约权力，正在逐渐消解，解构和碎片化正在从社会的一个领域向另一个领域蔓延。

希拉里止步"铁王座"

2016 年，特朗普击败希拉里获得美国大选胜利，被认为是当年继英国脱欧之后的又一"黑天鹅"事件。成熟的政治家，履历华丽无比，更让获得社会各主流阶层支持的希拉里再次止步"铁王座"，成为全球范围内的焦点话题。

在结果未出之前，希拉里阵营曾经"稳操胜券"。她获得了美国主流媒体几乎一边倒的支持，主要报纸压倒性地为一名候选人背书，这是这个国家历史上从未出现过的。据美国加州大学等所作的统计，美国日发行量100强的报纸截至10月10日公开支持希拉里的有30家，支持特朗普的为零。

除了公开的选择阵营外，另一些媒体透过民调报道也显示了他们明确的倾向性。在第二次电视辩论结束后，美国广播公司新闻网（ABC News）与《华盛顿邮报》所作的调查指出，希拉里领先4个百分点，而国家广播公司新闻网（NBC News）和《华尔街日报》进行的民调却指希拉里领先多达11个百分点。《纽约时报》当天的预测显示希拉里可能获胜的概率是91%，而特朗普只有9%。而且，这种希拉里阵营领先的民调结果，一直持续到最后的大选。

媒体之外的时尚界和好莱坞巨星们，也明确站在了希拉里一边。时尚设计大师亲自设计印有希拉里头像的T恤，时尚界女王连帽衫都未穿过的安娜·温图尔居然穿了这样的T恤去看秀，在全美范围内引起一波具备强烈政治色彩的时尚潮流。而好莱坞巨星Lady Gaga亲自为希拉里竞选助阵，麦当娜在自己的演唱会上公然表示对希拉里的支持。水果姐凯蒂·佩里不惜裸身出境拍摄名为《Katy Perry裸体投票》的宣传片，实为希拉里拉票。这使得希拉里成为有史以来最受时尚娱乐圈支持的总统候选人。

传统的资本圈自然也不例外，希拉里本来就是华尔街利益的代表，巴菲特、索罗斯等人也都站在她的支持者阵营当中。相比有点不着调的特朗普，希拉里就是华尔街价值观的化身，是美国精英阶层中的顶级精英，是成功者中的成功者。

然而，貌似正因为如此，希拉里错失了她的总统座椅。美国中产及中下层阶级，用他们的选票否决了所谓的政治正确和精英政治，主流媒体虽然左右着舆论导向，但却没有带来真正正向的影响。

　　从表面上看，社会结构仍旧是坚不可摧的金字塔形，但底层人民选择不再服从上层意志。从前的政治意见，领袖的力量，被解构了，人们选择为自己代言。也许，希拉里丰富的个人经历和清晰的执政记录在事实上更容易将美国带出低谷，但是，由于对于主流社会权力压倒式的主导优势并没有事实上起到作用，同时又表现得如此用力过猛，以至于许多选民选择了"讨厌希拉里"从而投出特朗普。正如高晓松在《晓松奇谈》中所说，这届大选，并不是选谁更优秀，而是比较谁更逊色。

　　权力的下移，传统社会的裂解及媒体碎片化的"新常态"，已经在颠覆传统社会结构。或许，中国的媒体生态现状可以提供一个很好的例证：以新浪微博和腾讯微信作类比，二者都属于带有社交功能的新媒体，但即使是新媒体，其地位和远景也是截然不同的。

　　新浪微博在新媒体中，属于网络名人也就是所谓微博大V们的主要阵地，他们通过微博时时扮演意见领袖或社会公知的角色，拥有庞大的粉丝群体，是社会声音的主要发布者。相对，微博粉丝们在这个平台，则主要扮演传播和追随者的角色，通常以群众面目和群众声音出现，个体依旧渺小。

　　腾讯微信则不同，它的生态逻辑基于个体的朋友圈，每个个体虽然渺小，但在自己的朋友圈里，却可以频繁互动，接受瞩目、赞美，使得每个人都能成为自己的主角，向周围发出自己的声音。

　　两平台的关键数据为：2016年新浪微博平台活跃用户量达到2.6亿人。由于微博是美股上市公司，2017年3月10日的收盘价格为48.62美元，总市值已达103.82亿美元（见图2-3）。数据骄人，总市值超过美国Twitter。

　　但若对比腾讯微信，上面的数据会顿时黯然失色。根据媒体报道，

2016年微信月活跃用户高达8亿。估值方面,据汇丰银行(HSBC)2015年发布的报告显示,腾讯公司旗下手机通信APP微信市场价值估计高达836亿美元(约合人民币5344亿元)。2016年,资本市场给微信的估值是8000亿元,是新浪微博估值的8~10倍。

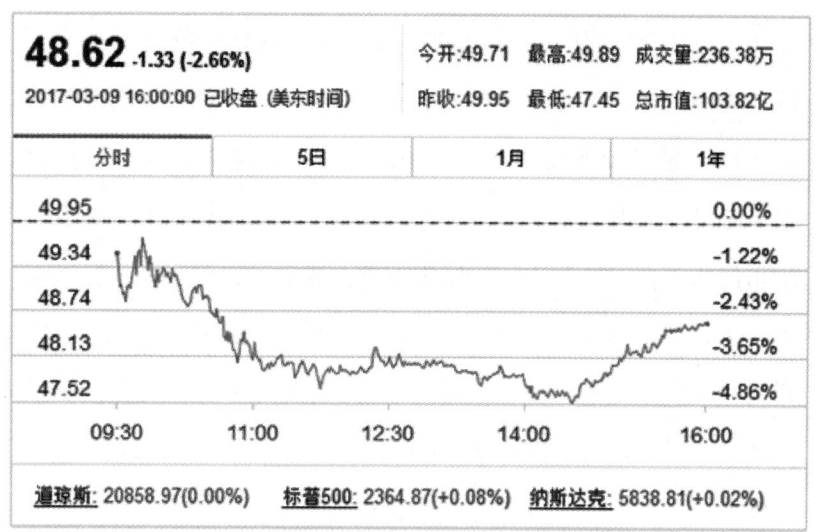

图2-3　2017年3月10日美股收盘价格

资料来源:新浪财经

由此我们看到,人们虽然很喜欢追随偶像,然而事实上他们更热爱自己。技术的发展,在各个方面都强化了社会个体的能量,就像区块链中的每一个节点,虽然受到攻击不能撼动总账本分毫,但是每个区块却非常明确地知道,自己掌握着世界的全部。这种感觉,的确非常美好。

个体经济时代

2008年,马云说:"银行如果不改变,我们就改变银行。"时至今日,再没有人怀疑小马哥当初的这句豪言壮语，因为事实早已证明，他确实改变了银行，而且将来还会做更大的改变。

权力的解构，在高监管、高壁垒的金融行业破冰，仿佛春风一夜，万物忽然更新。近年来大行其道的普惠金融，实际上也是金融价值观的改变，是传统的、垄断的，向共享的、民主的、平等的金融转变，是重金融向轻金融，向社会底层的渗透，同时又具备了碎片化的特征。

区块链的出现，符合这种权力解构的趋势，给了新金融更好的革命前景，给了旧金融必须改变现状的理由。即使区块链只作为电子货币的应用，对金融世界的改变也是异常巨大的。因为，从整个人类金融发展史来看，货币经历了血缘、贵金属、纸币三种介质后，在现代稳定在纸币这个标的上，央行、结算中心等设施，扮演着纸币时代的基础设施，可以看成是纸币时代的交易成本。而区块链技术之上的电子货币，无疑让交易成本大大下降，一些功能将不再需要，新时代俨然打开了一条门缝。

事实上，正如互联网在信息时代表现出的分享姿势一样，它倡导或者说支持任何人将信息内容打包以数据形式发送给其他任何人，而不需要中间的分发者。区块链则是作为一种经济基础架构，支持打包实体或者数字资产，并将它们分发给任何人。安全可信，成本低廉，且无须中央管理机构。个人摆脱权力信用机构，自由地完成点对点交易，卖一套房子，将跟微信摇一下就能寻找到附近的陌生人一样简单方便，个体经济从理论上找到了实现路径。

紧随其后的，区块链就像互联网一样，会重构人类社会的生产和组织方式，权力将被重组。

当然，这并不意味着一个无政府主义时代的来临。又或者，这恰恰意味着共产主义时代的来临。但不管怎么畅想，这一未来尚且遥远，来自技术前沿的看法，认为区块链真正成熟的现实应用大概2025年才会来临。我们还有时间去观察社会走向和技术发展，也有时间去准备迎接这一新机遇。

　　一些冷静的观察者，已经给出了某些颇具价值的建议。任何技术，只有下沉至应用领域才能发挥最大能效。只是面对技术畅想未来新世界，毫无用处。在当下固有的社会机制里面，极客们所追求的完全自由超脱各国主权之外的应用，尚不现实。对于推动区块链应用技术发展来说，现阶段最有可能的规则，是在区块内设置超级管理员的角色。区块链技术的确是去中心化的，但这并不代表没有中心，更可能是弱中心化。

　　与此同时，我们也看到贵阳发出了"主权区块链"声音。区块链是有价值观的技术，那么它也应该是有立场和原则的技术。

Chapter 3

区块链与数据喂养

第一节　数据金融时代的困境

2017首届科技金融国际峰会在厦门召开，在本次区块链论坛上，《区块链2.0》的作者、NABA（北美区块链协会）的创始人之一谭磊发表了主题为《区块链2.0》的演讲，他认为：区块链的核心是大数据，区块链的大数据化和大数据的区块链化，应是最重要的两件事情。

区块链大家都在研究，大数据遍地皆是。作为拥有全球第一的互联网用户数的中国，也是全球最具成长性的信息消费市场。近年来伴随着"互联网+"概念的兴起，大量的电商数据、信贷数据、社交数据、生活服务类数据正在快速积聚。国际数据公司（IDC）预计，中国市场规模未来5年将增长近7倍，依靠数据发展的金融应用，正在成倍地增长。

但是，对于很多公司来说，有大数据，却未必可用。因为没有人能为这些数据的真实性、准确性担保，尤其当数据是通过市场流通交易方式获得时。

数据是现代金融基础设施

普惠金融，在全球都被认为是一种更民主、更现代的金融形态，伴随金融科技的发展，在世界各国大行其道。但与此同时，普惠金融又是一个世界性的难题。截至目前，全球有20亿成年人无法获得正规的金融服务，也无法获得改善生活的机会。在中国13亿人口中，只有8亿有征信报告，其中曾接受过正规金融服务的不足3亿。

业界普遍认为，大数据金融能以网络化、信息对称、高效率、服务边界大等特点，有力支撑普惠金融的落地实施，数据也被当作现代金融的基础设施和重要资产来对待。数据和金融一旦结合，将释放出令人惊讶的高效能。

"京保贝"是集京东基因、大数据基因和互联网基因为一体的一款互联网金融产品，同时也是京东金融的第一款产品。其服务主要面向京东供应商，融资门槛低，无须抵押和担保，3分钟即可到账。更重要的是，该产品可随借随还，即客户可根据自身的实际情况选择融资期限。据悉，"京保贝"已服务了2000余家京东商城的供应商，单笔融资从万元到上亿元不等，满足了不同规模企业的融资需求，参与融资的客户贸易量增长超过200%。

"京小贷"是为解决京东商城内开放平台商家的融资难题而推出的纯信用融资服务，能实现全程线上操作、1秒到账、随借随还。目前，"京小贷"实现了对京东体系内供应商和商家的全覆盖，且至2016年年底，"京小贷"累计为超过5万个店铺开通了贷款资格[①]。

京东金融在国内并非个案，事实上其成长路径就是向市场前辈"阿里小贷"学习而来。但不管怎样，这些公司的范例已经向市场证明数据资产的重要价值，这催生出一个庞大的数据交易市场。

---

① 资料来源：财经网。

根据不完全统计，截至 2016 年年底，中国已出现的主要大数据交易市场有：

1. 贵阳大数据交易所

贵阳大数据交易所由贵州省政府批准成立于 2014 年 12 月 31 日，2015 年 4 月 14 日正式挂牌运营，是我国乃至全球第一家大数据交易所，并配套有全国首个国家大数据综合试验区、大数据产业发展集聚区、大数据产业技术创新试验区，2017 年会员量有望达到 3000 家，交易额突破 3 亿元。大数据交易所秉承"贡献中国数据智慧，释放全球数据价值"的发展理念，志在成为全球最重要的交易所，旨在推动政府数据公开、行业数据价值发现。

网站：http://www.gbdex.com。

2. 上海数据交易中心

上海数据交易中心有限公司（简称"上海数据交易中心"），是经上海市人民政府批准，上海市经济和信息化委、上海市商务委联合批复成立的国有控股混合所有制企业。交易中心由上海市信息投资股份有限公司、中国联合网络通信集团有限公司、中国电子信息产业集团有限公司、申能（集团）有限公司、上海仪电控股（集团）公司、上海晶赞科技发展有限公司、万得信息技术股份有限公司、万达信息股份有限公司、上海联新投资管理有限公司等联合发起成立，注册资本 2 亿元人民币。

网站：http://www.chinadep.com。

3. 武汉东湖大数据交易中心

武汉东湖大数据交易中心成立于 2015 年 7 月，是经武汉市政府批准成立的华中地区首家大数据交易机构，也是国内最早探索并实施"政务数据运营解决方案"的服务机构，注册资金6000万元。秉承"激活数据资产，驱动产业创新"的发展理念，致力于为政府机构、行业垂直市场领域提供一站式大数据解决方案。

网站：http://www.chinadatatrading.com/，http://www.dhbigdata.cn/。

4. 华东江苏大数据交易平台

华东江苏大数据交易平台为"互联网金融＋大数据"在行业垂直市场领域提供数据交易、预处理交易、算法交易及大数据分析、平台开发、技术服务、数据定价、数据金融、交易监督等综合服务；并基于数据金融资产化方向提供撮合、买卖、典当、融资、抵押、贷款等多种合作模式，为各经济主体（包括企业、机构、个人等）盘活数据存量资源提供全面解决方案。

网站：http://www.bigdatahd.com/。

5. 长江大数据交易中心

武汉长江大数据交易中心是在武汉市委市政府支持下设立的、第三方中立的、具有公信力的大数据交易中心，是武汉市政府推出的"互联网＋"产业创新工程"11711"行动计划中关于大数据产业发展的重要部署。武汉长江大数据交易中心积极履行大数据交易中心的职责和责任，维护数据交易市场的正常秩序，打造完善、健康、有序的交易产业链条，推行大数据交易标准、交易安全制度等规则制定，采取有效的技术措施保障交易系统安全高效，确保数据的采集、交易和服务不损害国家利益、社会公共利益和他人的合法权益。

网站：http://www.cjbigdata.com/。

6. 浙江大数据交易中心

2016年3月底，浙江省政府办公厅正式批文成立浙江大数据交易中心有限公司。浙江大数据交易中心通过数据产品、数据接口、数据包资产评估、交易供需匹配、交易平台提供来完成数据交易服务，同时以数据加工、整合、脱敏、模型构建等服务提供额外配套数据增值支持。

网站：http://www.zjdex.com/。

7. 哈尔滨数据交易中心

哈尔滨数据交易中心由黑龙江省政府办公厅组织发起并协调省金融办、省发改委、省工信委等部门批准设立，2016年6月正式获得黑龙江省政府办公厅批文。哈尔滨数据交易中心是面向全国提供数据交易服务的创新性交易场所。采用"政府指导，市场化运作"的模式，提供完整的数据交易、结算、交付、安全保障、数据资产管理和融资等服务，逐步形成"安全、规范、开放、可控"的数据资产交易体系。

网站：http://www.hrbdataex.com/。

8. 京东万象

京东万象大数据开放平台是京东云在已有的云计算平台基础上围绕数据提供方、数据需求方、数据服务方等多方，构建了以数据开放、数据共享、数据分析为核心的综合性数据开放平台，为全行业提供权威数据支持，打造全行业数据开放的优质生态圈。其服务宗旨是帮助数据的提供方与需求方进行数据对接，解决数据缺失问题，完善数据价值，帮助企业解决数据孤岛的问题，从而提升企业的运营效率。

网站：http://wxlink.jcloud.com/。

9. 阿里云数据市场

阿里巴巴旗下的数据交易平台，主要数据涉及金融、电子商务、人工智能、生活服务、交通等领域。数据主要为 API 接口形式。

网站：https://market.aliyun.com/1111Promotion。

10. 百度 APIStore

百度旗下产品，为开发者提供最全面的 API 服务，汇集了国内外应用开发所需的 Android/IOS API 和 SDK，涉及设计开发、运维管理、云服务、APP 推广、数据服务 5 个范畴的服务，志在向开发者提供最全面、最便捷的 API 搜索服务。

网站：http://apistore.baidu.com/。

从大数据交易的衍生功能来看，对于大数据交易的衍生产品规划做得较好的是贵阳大数据交易所，其大数据交易衍生的品种可以概括为：大数据指数、大数据基金、大数据信托、大数据融资、大数据担保等。武汉东湖大数据衍生产品为：基于数据金融资产方向提供撮合、融资、贷款、二次开发等。江苏大数据交易中心则基于数据金融资产化方向提供撮合、买卖、典当、融资、抵押、贷款等多种合作模式，为各经济主体盘活数据存量资源提供全面解决方案。

总之，数据交易市场的活跃，体现着市场对于数据流通的渴望，但同时，数据又因其固有的原因，导致数据垄断、数据孤岛、数据污染、数据黑市等各种不利发展的市场现状。

大数据顽疾难解

"得数据者得天下",现代金融企业在大数据时代谁掌握了数据,谁将赢得最终的竞争优势。因此,数据成为任何公司及机构"奇货可居"的标的,同时市场数据缺乏公认有效的交易规则和共享机制,导致一方面数据垄断和数据孤岛并存,另一方面黑市数据交易和数据盗窃犯罪十分猖獗。

1. 数据垄断和数据孤岛并存

据业内估算,全国的大数据公司已超过500家,北京最多,贵阳、武汉等推动大数据产业的城市也是创业重镇。根据大数据研究机构"数据猿"统计,2016年上半年,全球大数据行业共计发生157起投融资事件,中国发生了97起,超过总量的一半。但是,数据公司或机构拥有的所谓"大数据",基本都被限制在一个壁垒当中,多是内部循环的"自有数据",这导致了部分大型互联网公司成为数据垄断者。

以BAT为例,三巨头凭借在各自领域内形成的巨大优势,掌握了行业大量的数据。易观国际数据显示,阿里和腾讯的第三方支付服务占据了中国市场的九成。而三者因其商业逻辑,数据垄断各占一角,百度的搜索数据、阿里的消费数据、腾讯的社交数据,在国内无出其右,其中又以阿里的消费型数据属于结构化也是最易于商用的数据。因此BAT三家中,要数阿里的数据金融业务开展得最为成功。

但与此同时,作为处于激烈市场竞争中的商业机构,BAT体系并不开放,如高德地图被阿里巴巴收购之后,不再向外界公开开放地图的数据。国家工商总局也曾表示,个别互联网巨头不愿配合监管分享数据。

正是由于前述数据垄断的商业逻辑，大数据被割据为一个个的信息孤岛。不少企业以保护商业机密或节省数据整理成本等为理由，不愿意交易自身数据。而与此同时，这些来源于用户的数据，假如被公开市场交易和商用，数据马上将面临一个致命问题：数据资产如何确权？是属于获取数据的机构，还是数据提供者？显然这是一个不可逾越的严肃的法律问题。

2017年1月，由工信部下发的《大数据产业发展规划（2016-2020）》中重点提到打破数据孤岛问题：不仅要推动金融行业大数据在其他行业的应用，也要推动各行业大数据在金融等重点行业的应用。

市场和现实都极为迫切，垄断和孤岛不解决，数据产业就只能处于尴尬当中。

2. 数据黑市交易

数据黑市在全球范围内存在，被盗取或者从机构内流出的数据被明码标价，同一类别信息在不同国度价格也有不同。以个人信用卡和借记卡的信息为例，美国5~30美元，英国20~35美元，加拿大20~40美元，澳大利亚21~40美元，欧盟25~45美元。

伴随所有个人数据的互联网化，个人信息日益透明，流出的风险也越高。即使是世界知名互联网公司，如雅虎、苹果等，也遭遇过他们的数据"黑色星期五"。而国内后继发展起来的互联网公司，则几乎"人人有份"。

2012年，电商"1号店"被媒体曝出90万用户资料外泄，价格仅售500元；2014年，支付宝被曝20G用户资料外泄；同年，当当发生超百位用户账户余额被盗事件；同年同月，携程被曝技术漏洞，可导致用户包括银行卡、支付密码在内的高级别的个人信息外泄，引发一片恐慌；2015年，京东被曝大量用户隐私信息泄露，多名用户被骗走金钱，总共损失数百万；2016 年年底，一个 12G 的数据包开始在黑市流通，其中包括用户名、密码、邮箱、QQ 号、电话号码、身份证等，数据多达数千万条，而黑市买卖双方皆称，这些数据来自京东。

《中国网民权益保护调查报告 2016》显示，我国 54% 的网民认为个人信息泄露严重，84% 的网民亲身感受到由于个人信息泄露带来的诸多不良影响，引发全社会的广泛关注。2017 年两会期间，作为全国人大代表的马化腾，就大数据环境下的个人信息安全提出：维护网络安全，加强大数据环境下个人信息安全保护，需要坚定不移地依托社会共治，联手对抗网络黑产。

事实上，大型互联网公司都在数据安全方面不断加深"护城河"。但另一方面，伴随近两年征信和大数据产业的兴起，巨量资金注入黑市进行不法交易，实际上推动了黑市数据的迭代更新和流通交易。而且，因为买方市场需求旺盛，黑市数据以月为周期进行翻新。数据黑色产业链，已经是一个确然存在的巨大产业。

在地方政府的支持下，中国从南至北皆有正规数据的交易市场，但这并没有阻挡黑市的蓬勃发展。更糟糕的是，地下黑市不但促进了数据盗窃行为，还导致庞大的污染数据在市场流通。不真实的数据，甚至伪造的数据，正日益扰乱着中国大数据产业，真实数据被淹没其中，难辨真伪。

第二节　数据的解放

正是看到大数据市场的混乱,人们才越发将希望寄托在区块链技术上。数据开放且真实的保障,是区块链的核心本质,这也正是大数据所需要的。

以贵阳大数据为例,作为全国领先的大数据发展城市,贵阳很早就注意到区块链在数据领域内的无限潜能,甚至可以说,区块链是大数据产业的配套基础设施,可以在多方面促进大数据的发展和应用(见图3-1)。

数据共享开放
- 建立数据开放的登记、绩效、奖励和监管机制
- 给予拥有方开放数据适当奖励和表彰
- 监督数据隐私侵犯、数据泄露或数据滥用

数据资产交易
- 实现数据资产确权
- 进行数据资产公证
- 建立链上数据交易所
- 实现数据资产可信交易

个人数据保护
- 节点可对个人数据进行确权
- 通过智能合约进行授权可保证交易收益而不泄露数据

数据安全监管
- 建立数据安全审计和监管的技术体系
- 开展数据比对
- 记录审计结果
- 防范数据盗用和隐私侵犯

大数据应用
- 推动大数据精准分析和预测
- 改善大数据征信和风控数据有效性
- 提高医疗产业大数据整合度
- 提升政务大数据质量,增强公信力

分布式数据存储
- 实现数据记录、数据传播及数据存储管理方式的创新
- 防止节点攻击造成系统瘫痪,保障数据安全

图3-1　区块链推进大数据发展进程

资料来源:《贵阳区块链发展和应用》白皮书

让数据解放[①]

区块链经由它的技术方式,将大数据从数据垄断、孤岛及伪数据中解放出来,具体表现为:

1. 区块链促进数据共享

大数据共享的一个重要悖论就是,如何保障在数据共享的同时又能让数据的私密性得到保障。这个问题不能妥善解决,那数据开放共享只能是镜花水月。而区块链可以通过签名私匙、加密技术、安全多方计算技术等为隐私数据的开放提供解决方案。

当数据被哈希后放置在区块链上,使用数字签名技术,就能够让那些获得授权的人们可以对数据进行访问。通过私钥既保证数据私密性,又可以共享给授权机构。

数据统一存储在去中心化的区块链上,基于区块链技术的英格码系统(Enigma),在不访问原始数据的情况下进行数据分析,既可以对数据的私密性进行保护,又可以安全地共享,从而杜绝其中的信息安全问题。

2. 区块链促进数据真实

区块链技术通过网络中所有节点共同参与计算,互相验证其信息的真伪以达成全网共识,可以说区块链技术是一种兼具可信任性、安全性和不可篡改性的数据库技术。

迄今为止,我们的大数据还处于非常基础的阶段,基于全网共识为基础的数据可信的区块链数据,是不可篡改的、全历史的,也使数据的质量

[①] 资料参考:李铭岩《区块链让大数据汹涌而来》。

获得前所未有的强信任背书，保障了数据的真实性，保证了数据分析结果的正确性和数据挖掘的效果，也使数据库的发展进入一个新时代。

3. 区块链促进数据安全流通

区块链的可追溯性使得数据的采集、交易、流通，以及计算分析的每一步记录都可以留存在区块链上，同时，对于个人或机构有价值的数据资产，可以利用区块链对其进行注册，交易记录是全网认可的、透明的、可追溯的，明确了大数据的资产来源、所有权、使用权和流通路径，从法律上解决数据从属和确权问题，使得数据可以合理、合法、有路径地实现资产化，这对数据资产交易普遍化具有很大的价值。

在具体的应用方案上，需要区块链技术与大数据技术相结合，来推动数据的开放共享与加密隐私保护的实现。一方面，区块链技术使得数据的权属和流通记录得到全程记录，另一方面，区块链各节点与现有各种数据库技术融合使用，使得不同的节点可以采用不同的数据存储方式，将数据库中的所有操作都记录在下面的区块链当中，从而可以配合现有的大数据技术，与现有的大数据 PAAS 平台一起，为多种大数据流通交换应用场景提供可落地的解决方案。

让数据资产化

开发了 AlphaGo 打败李世石的 DeepMind 公司，曾因获得了三家伦敦皇家自然 NHS 信托医院内多达 160 名病患的当前及历史记录而受到批评。尽管 DeepMind 的这一项目为医院病患发现肾脏问题和提前预防提供了重要的数据参考，同时也为区块链的医疗健康应用开辟了道路，但更多普通人却更为关心自己的隐私是否被泄露，或者说，当人们知道一家公司利用自己的数据去谋福利（至少公司估值会不断提升）而自己却无法从中分到一杯羹，只能眼睁睁看着，其心理状态必然不会十分舒畅。

即使数据被盖上真实、安全、不可篡改等高贵的价值印记，但社会的现状却是，数据被大型公司或机构霸占，并视为私产进行开发和市场交易，贡献数据的普通人被完全忽略。这显然是不公平的，亟须纠正的。

2016年年底，京东云旗下的京东万象数据服务商城宣布：其大数据交易平台将运用区块链技术，实现数据的溯源、确权，把数据变成受保护的虚拟资产，每笔交易和数据都有确权证书。而未经许可的盗卖没有确权证书，或者证书与区块链确权不匹配，数据提供方就可要求法律保护。应用区块链技术后，得到权益保障的数据提供方会更愿意参与数据交易，而数据需求方也可以轻松获取原始数据，查看数据质量，得到指导服务等。

数据确权不仅是大数据，更是数据资产化的技术、法律、商业基础。经过确权的数据，可以放心地在阳光下进行流通和交易，将直接促进正规数据交易市场的发展，从现实商业逻辑上打击数据黑市及其背后的数据违法行为。

尤其对于被采集数据的个人来说，只有当提供数据变成一种可以使用和产生效益的资产时，数据共享才能真正实现，大数据也才能迎来真正的社会化全球化大数据时代。

第三节　数据的声誉

正如每个人一样，每个机构也是有声誉的，数据同样应该拥有声誉。

而拥有声誉的数据，应该是真实有效和权属清晰的。这是区块链给大数据带来的广阔空间。建立在声誉数据上的数据算法，已同时开启了全新的数据时代和人工智能（AI）时代。

人工智能的数据喂养

无论是普惠金融、消费金融，还是资产智能投顾，金融科技发挥作用的领域，就是新金融的诞生之地，而新金融的基础就是"数据+AI算法"。

首先，人们知道，数据是人工智能发展的基础。

这是20世纪90年代普遍得到使用的人工智能研究方法，即先寻找到一个通常较小但固定的数据集，然后设定一种算法来提高性能。最后，完成在某些核心科技期刊的发布。那个时代还是人工智能的学术时代，应用处于最开始的幼稚阶段，但对数据基础这一定论不存在讨论的余地。

然后，人们发现，大数据是人工智能发展的关键。

2001 年，微软研究人员 Banko 和 Brill 发表了一篇彻底改变人工智能数据偏好成果的论文。根据这两位研究员的描述，大多数自然语言处理领域的工作基于少于 100 万字的小数据集上时，对于一些常规的数据算法，错误率为 25%。但当你添加更多的数据，不仅仅是一点数据，而是多达数倍的数据，并保持算法的相同，那么错误率会持续下降很多。到数据集大到三个数量级时，误差小于 5%。

显而易见，人工智能依赖于数据——数据越多，模型越好，结果也就越好。对于这个划时代的发现，顶尖的科技公司率先开始了数据采集竞赛。然后，Google 就收购了卫星成像公司。

不过最后，人们将明白，在大数据基础上追求精准度才是人工智能发展的决定因素。

2017 年 3 月，平安科技人脸识别团队向国际权威人脸识别公开测试集 LFW（Labeled Faces in the Wild）提交了测试结果。在无限制条件下人脸验证测试中，平安科技人脸识别率以 99.60%±0.31% 的成绩名列前茅（国际水平在 95% 左右），领先国内外等各家知名公司。

目前，人眼识别准确率的极限是 97.53%，2016 年开始，平安科技的人脸识别技术的精准度在很多测试条件下已达 99% 以上。根据媒体公开信息，该项人脸识别技术全球首发应用于平安普惠小额贷款"平安 i 贷 2.0"的融资场景。用户通过"平安 i 贷"APP 申请贷款时，只需要打开手机摄像头，由系统拍摄并抓取用户的若干面部影像，再进行检测，即可远程完成身份核实，最快实现 3 分钟放贷。

取得这样的骄人成果，却并非基于数据的庞大性，依赖的是数据的高精准性和算法优化。换句话说，依托区块链技术，将生产出优质高保真的数据，而这些数据将喂养出更好的人工智能。依据这样的逻辑，李开复所说的未来 50% 的人类将会失业的时代或数十年可期，到时，机器人交税而人类领取救济金将成为现实。

有声誉的数据及数据资产

区块链技术应用于人工智能领域，有着极为现实的好处①：

（1）（在最广泛的意义上）捕捉所有层次上的数据供应链中的漏洞，找到那些错误的传输数据。

（2）可以知道数据和模型的来历，并且是以密码验证的方式。

（3）你可以在数据供应链中发现漏洞，并进行追溯。这样一来，如果发生错误，我们能更好地了解其位置以及如何应对。你可以将其当作银行式的和解，不过针对的是人工智能模型。

（4）数据有了名誉，因为多双眼睛都可以检查源头，并甚至声称自己的数据判断如何有效。相应地，模型也有了声誉。

区块链产生的数据，安全，真实，可追溯，从属清晰，也就是有声誉的数据。

一旦数据拥有了声誉，就像被权威机构鉴定过品质的商品，是有价值的资产，而有价值的资产，可以通过某些方式和手段产生更大的价值。换言之，有信誉的数据，可以产生有信誉的数据模型，这些有信用的数据模型又可以进行法律确权，从而激发人工智能的全速化发展。

从前的技术拥有者或者技术前沿们，会乐于共享这些数据和数据模型给同行们，因为有声誉的数据及模型一旦被确权，那么就是拥有 IP 的数据

---

① 资料来源：TRENT MCCONAGHY, *HOW BLOCKCHAINS COULD TRANSFORM ARTIFICIAL INTELLIGENCE*。

资产，这些资产就像版权一样，会被公开定价和分享交易，每一次使用，都给拥有者带来收益，然后人们就会更有动力生产有声誉的数据和数据模型，而这些，最终会喂养出超级人工智能。

这些超级人工智能，不但可以实现万物互联，还可以彼此之间进行信息交互和业务往来，统一的区块链基础协议保障了不同的人工智能设备之间在互动过程中的彼此学习和经验积累，进而人工智能也会获得属于它们的 IP 数据资产，创造属于它们的财富。由此，人工智能脱离它们的"上帝"——人类，而得以单独存在和发展。

从某种意义上说，区块链的发展，受益最大的可能是人工智能产业，而人工智能，是人类既热望又充满忧虑的新世界。

不管人类是否欢迎，引擎已然启动，尤其在金融领域，人们正迫不及待地用人工智能代替更多的人工，人工智能接管这个社会首先从接管这个社会的财富开始，这是不是可以被认为是一个足够高的起点呢？！

世界知名的一些 Fintech（金融科技）公司，如 Betterment、WealthFront、Personal Capital 等公司都在积极推出人工智能投顾业务。2016 年下半年，全球最大的资产管理公司贝莱德基金（BlackRock）准备了 1.5 亿 ~2 亿美元收购理财界新秀"未来顾问"（Future-Advisor），为公司人工智能投顾业务做储备。而第一只基于人工智能的对冲基金，2016 年在伦敦正式成立。由李嘉诚和塔塔通讯投资的 Sentient Technologies 运用自然语言处理、深度学习（Deep Learning）等多种人工智能技术，正在进行量化交易模型的建立……

Chapter 4

区块链金融

第一节　银行区块链

区块链改变的是游戏规则，将对金融服务产业产生重大影响。

今天，各家传统银行突然发现，一大批互联网公司突然某一天变身为 Fintech 公司，这些公司不仅利用技术优势开发出余额宝、财付通之类快捷普惠理财产品，搬移大量银行客户的存款，而且他们还凭借对互联网年轻一代人群的渠道占有，大量截留银行的下一代客户以及可预见的未来一代客户。

事实上，余额宝背后的阿里、理财通背后的腾讯，都有自己的网商银行，假如有一天，它们实现远程在线开户功能，那么，还有谁会去银行？

在新的一年里，人们发现腾讯理财通在用银行的套路推销他们"余额+"产品，以至于网友们在互联网上发问"95017 的理财推销电话是骗子吗？"因为在以往的消费认知中，像余额宝、财付通之类的产品是连客服电话都难以找到的，现在居然主动做起了电话销售。这是快速成长中的 Fintech 公司疯狂抢夺传统银行市场的又一铁证，传统银行对此并没有更好的应对方法，新一代的客户距离他们很远，他们甚至不知道怎样迎合这些年轻的群体。

他们在行动

没有人愿意眼睁睁看着自己的阵地被攻陷，所以在对于技术的渴望方面银行业显得尤其热烈。在 2016 年 5 月，由全球最大、知名度最高如高盛、摩根士丹利、桑坦德等 42 家国际性银行组建的 R3 区块链联盟宣告成立，目标是指定银行业区块链技术开发的标准，运用分布式账本技术帮助金融机构变革基础设施，以节约成本，提高效率。最后这个联盟吸引了全球超过 70 家的顶尖金融机构，包括中国平安、招商银行、中国外汇交易中心及民生银行。

2017 年 3 月，全球企业以太坊联盟（Enterprise Ethereum Alliance，EEA）成立，成员包括了摩根大通、桑坦德银行、纽约梅隆银行、西班牙对外银行、荷兰银行等多国知名实力银行，另外还有微软、英特尔这样的互联网巨头，这个号称全球第二大的公有链联盟，主要是想创建一个企业级区块链的解决方案，共同开发产业标准。

银行业向来不匮乏资本，R3、EEA 们的先后成立，向全世界展示了顶端资本对区块链技术的认可和追逐。尽管在后来，高盛等宣布退出 R3，但这并不表明他们对区块链失去了兴趣，恰恰相反，高盛实际上是区块链领域投资最积极的金融巨头之一，近 5 年内，在 Fintech 领域进行了 10 笔以上的风险投资，其中向比特币创业企业 Circle 的一笔投资更高达 5000 万美元。有相关人士透露，高盛自有的 IT 团队人员就有 9000 多人，在区块链领域有着领先的开发能力。

2016 年 11 月，日本三大银行宣布在区块链上进行了银行间的汇款试验。三菱日联金融集团（MUFG）、瑞穗金融集团（Mizuho）和三井住友集团（SMBC）使用东京 BitFlyer（日本领先的比特币交易所）开发的区块链平台，在为期九个月的概念验证试验中，研究人员每秒钟在区块链上执行1500次交易，领先于当前银行间电汇系统能够达到的1400次峰值速度。至2017年3月，已经有47家日本银行参与了由知名行业公司Ripple开发的区块链云解决方案的成功汇款试验。

全球最大的管理咨询和技术服务供应商埃森哲在2017年1月的报告中称，区块链技术能为美国最大的10家银行每年节省80亿~120亿美元的基础设施成本，占总成本的30%。而2016年年底该机构的一份调查表示：90%的北美和欧洲大型银行参与了区块链支付应用研究。

在区块链企业应用研究领域颇有野心的IBM在对全球200家银行进行调查后称，15%的银行将在2017年推出以区块链技术为基础的产品，65%的银行选择在未来三年推出。降低相关业务成本，在未来激烈的金融市场竞争中保持一定优势，对银行来说，是区块链应用至关重要的驱动力量。

区块链应用

对于银行来说，区块链目前最为重要也是最为现实的应用就是支付结算领域。

比如支付宝，当涉及跨境结算时，只能回到信用卡的老路上。而全球信用卡业务，基本掌握在Visa和Mastercard手中，全球范围内的支付成本在5%左右。今天区块链就实实在在地为我们提供了一个前景：怎样利用区块链这个未来金融界的基础设施来降低未来的全球信用成本。

基于区块链的新跨境直联清算系统，将会应运而生。首先，区块链技术能实现点对点的交易，跳过了中间环节，效率得到了极大的提高，信息传递速度可以锐减至秒级；其次，区块链篡改难、伪造难，安全性较高。

且由于分布式架构的核心特点，任何节点出现故障，都不会影响整个系统的运作；最后，新的参与者可以很快部署和加入这个技术系统，扩展性良好。

因此，从技术层面讲，区块链技术很有可能将现行国际结算中的 Swift 系统替代掉，也可能会把现在的 Mastercard、VISA 和银联的结算系统替代掉。

2017 年 2 月，招商银行通过媒体向外宣布在区块链技术上实现了新的突破，首家实现将区块链技术应用于全球现金管理（Global Cash Management）领域的跨境直联清算、全球账户统一视图以及跨境资金归集这三大场景。

除了支付结算以外，区块链还可以广泛应用于银行智能合同、身份管理、移动数字票据、数字货币、抵押品管理、信用体系、积分兑换，以及风险控制等。虽然目前区块链的实际应用并不如银行们所投入的热情那般高涨，但各个领域似乎都在进行着必要的尝试。

例如，IBM 实际上已经在推广他们银行间可跨行进行的区块链积分兑换系统，而贵阳银行 2016 年便已开始在区块链票据服务方面进行众多的尝试，微众银行的"微粒贷"则将区块链应用于面向二十多家银行的联合贷款的结算、清算，等等。

不过摆在面前的挑战也是巨大的，区块链的本质是对于数据的颠覆式应用，因此首先考验银行自身数据的治理机制和能力，须具备完善的数据治理机制和统一清晰的数据标准；其次，区块链要求物理集中式的统一大账本架构，以及银行业作为高度监管领域形成的保守作风与市场技术急进以及监管者之间不同立场需求的矛盾。

第二节 保险区块链

都需要极强的信任性和透明性,从这一点来说,保险的确与区块链技术带着天然的共同基因,因此在全球范围内,保险领域对区块链技术的追逐热情高涨。2016 年,保险界巨头劳合社表示,由他们支持的区块链技术在伦敦市场开始应用;德国保险巨头安联旗下的法国分公司(Allianz France)所创立的创业加速器项目,也与区块链创业公司 Everledger 合作开发了一个区块链保险概念证明产品;平安系加入的 R3,据说在 8 种不同的领域进行概念验证,其中当然包括保险。

埃森哲常务董事 Abizer Rangwala 更是大胆预测称"区块链技术将成为在保险业生态系统中的主流技术"。

区块链优化保险业

区块链技术对于保险行业的优化,主要体现在以下几个主要方面:

第一,优化保险公司对"保险标的"的运营,降低骗保概率。

保险标的也就是保单所保障的对象,一般即人、财、物等,也是保险公司经营管理的对象。唯一性是保险标的管理的基础和业务逻辑,但同时也是核心困境所在。从全球保险欺诈情况来看，很多骗保行为都是利用保险标的的"唯一性困境"进行的。根据FBI的统计，美国有5%~10%的保险案例都属于骗保，每年的金额超过400亿美金。区块链技术的应用、信息的唯一性、不可篡改性、可追溯性以及加密算法带来的高度安全性等，将改善这一行业痛点。比如，IBM已经研究将区块链技术运用于全球钻石的追踪，以打击该行业每年超过100万美金的走私钻石市场，维护钻石的市场信用度。

第二，智能合约的使用，将促进保险的互联网化。

智能合约属于区块链非常重要的技术应用，可以将原来繁杂的承保理赔转变为智能理赔，化繁为简，无须投保人申请理赔，也无须保险公司批准理赔，只要触发理赔条件，保单自动理赔，支付理赔金额。例如一些灾害险种，当地震达到某个级别及以上时，智能合约自动触发，不需要投保人"东奔西走"履行复杂手续，便能在线上完成理赔，想想，也是一件非常省心的事情。

第三，区块链技术的使用，将大大降低成本，提高效率。

保险行业销售和渠道成本高昂，例如人们出行时在携程购买30元航空保险，其中的27元是保险公司给携程或相关渠道的费用，而真正的保险成本只有3元钱。我们平时经常接到的保险销售电话、参加的保险营销会议以及保险行业的人海战术等，都意味着层层分摊的成本。

区块链技术的应用、互联网化的销售方式、智能化的处理机智，将大大降低人工在各个层面的参与程度，从而提高行业效率，降低运营成本。

同时，人们还普遍认为，区块链有可能帮助保险行业重塑市场信任机制，打破市场供需之间信息不对称的矛盾。信任，是保险存在的基础，同时也是保险行业的最大成本。试想，如果在保险的相关参与链条节点上都应用区块链技术，形成一个联盟，那么信息就会在这个链条上安全、可信地流通，大大降低信任成本。

有鉴于此，国内保险公司巨头们纷纷开始试水区块链技术，部分已经进入浅层次的应用层面：

平安集团：在集团内部成立了金融科技部门，研究区块链技术，于 2016 年 5 月加入 R3 区块链联盟，而且董事长马明哲也表示，区块链是平安未来进军的重点。

阳光保险：在 2016 年 3 月，推出"阳光贝"积分，可用于兑换或馈赠。同年 7 月推出国内首款具备区块链特征的微信保险卡单。

众安保险：在 2016 年 11 月宣布成立众安科技，就提到要探索包括区块链在内的新技术、新方法的研发和应用，为此还发起成立"上海区块链企业发展促进联盟"。

横琴人寿：在 2017 年春节期间，联合明亚保险经济和磁云科技共同发起"放心回家路"爱心活动，推出一款爱心保单，也是首款运用区块链场景化的保险产品。冯仑、周鸿祎等知名企业家参与其中。

泰康保险：2017 年 3 月宣布推出基于超级账本 Fabric（Hyperledger Fabric）架构的企业级区块链，成功打造出积分管理平台，为旗下泰康在线提供的积分应用，可为其 50 万积分用户提供积分在线交易服务。该平台通过邀请制对用户开放，并即将与第三方京东商城实现积分兑换。

伴随区块链和金融科技的不断发展，保险产业不但面临着产品、服务模式、业务逻辑的变化，更将迎来监管方式的转变，制度监管会逐渐过渡到技术监管，也将在更大程度上促进行业自律和自我约束，促进保险回归其业务初衷。

互助保险新曙光

区块链的出现,被认为是赐予互助保险的全新生命,尤其在刚刚经历了保监会大棒打压之后的市场环境中。

互助保险在国际上又被称为相互保险,是起源于海上的一种互助性质的保险,并被认为是保险业的起源。例如,公元前916年《罗地安海商法》中规定:"为了全体利益,减轻船只载重而抛弃船上货物,其损失由全体受益方来分摊。"该原则被认为最早体现了海上保险分摊损失、互助共济的特征。

相互保险在发达国家有着100多年的历史,在全球保险市场占有举足轻重的地位。在我国,由于各种原因,直到近年才通过互联网焕发出蓬勃生机。保监会也在2015年1月出台《相互保险组织监管试行办法》,为相互保险的设立、运行提供法律依据。相互保险随之受到资本热捧,当时就有20多家机构排队申请牌照,一时成为社会焦点。

从互助保险平台获得的资本关注和投资,可以看出这一新兴行业的市场认可度(见表4-1)。

表4-1 互助保险平台融资一览(截至2016年10月)

平台名称	融资时间	融资额度	投资方
水滴互助	2016年5月	5000万	IDG、高榕、真格、腾讯、新美大……
17互助	2016年5月、9月	5000万	经纬创投、执一资本、晨兴资本、李治国
同心互助	2016年5月	未透露	源码科技
夸克联盟	2016年1月	千万级别	顺为资本、杉杉创投
蜂巢互助	2016年6月	未透露	真格基金、金沙江创投、峰瑞资本
大树互助	2016年10月	千万级别	中国风险投资有限公司、慈铭体检

续表

平台名称	融资时间	融资额度	投资方
抗癌公社	2015 年	100 万	联创策源
全民保镖	2015 年	百万级别	曲速资本
斑马社	2016 年 5 月	500 万	陶石资本、峰谷资本
好车主互助	2016 年 9 月	百万级别	京北投资
人人互助	2016 年 7 月	未透露	91 金融
比邻互助	2016 年 8 月	百万级别	金斧子天使投资人

不过到 2016 年年底，网络互助的野蛮生长引起保险监管机构的注意，保监会发声将拒绝投资违规网络互助平台的社会资本进入保险业。同时互助保险的一些问题也逐渐暴露在大众面前：

首先，主体资质问题。

多数公司为互联网创业，无保险经营及保险中介资质，部分经营主体的持续经营能力和财务稳定状况存在隐患，消费者可能面临资金安全难以保证、承诺保障无法兑现、个人隐私泄露、纠纷争议难以解决等风险。

其次，资金监管问题。

平台脱离现有监管机构，资金存管和使用均没有可靠的第三方进行托管和监管，很可能导致客户资金挪用，使用违规等问题，同时还涉及非法集资风险。

最后，平台自律问题。

由于发展不完善和没有完整有效的风控机制，平台往往根据业务发展需要擅自修改互助合同（会员公约），例如某平台在未经公示、未经投票、未经告知的情况下，擅自修订了会员公约，将互助金"定额给付"改为"医疗给付"，将给付对象由"付给互助会员"改为"给付医院"，严重损害客户权益。

而区块链技术的出现，可以很好地解决互助保险的信用机制，完成公开、透明、信息高度对称的链内自治。如果将自我管理、自我验证和智能合约自我执行结合起来，互助保险将重新焕发出异彩，其低额度，人人参与，人人受益的优点，也将得到最大化的发挥，并在未来很可能成为互联网保险的重要创新产品。

目前，在美国有一家名为 Lemonade 的互助保险公司，也是第一家正式成立的区块链互保险公司，计划持有纽约州的保险公司牌照，在 2016 年下半年开业。Lemonade 主要经营财产保险，将用区块链记录全流程。Lemonade 的高管团队阵容豪华，包括前 AIG 高管以及行为经济学教授 Dan Ariely，并已获伯克希尔·哈撒韦、劳埃德伦敦、慕尼黑等再保险公司的支持。

传统的保险产品，对重大疾病的平均保额大概在 5 万 ~10 万元之间，这一门槛将很多在现实中有更强烈需求的人群拒之门外。互助保险利用的是互联网共享共助抵御风险，从目前来看，费用支付单笔小到 1 元，多则几百元，将参与门槛降低至极限，对整个社会保障机制的公平性、普惠性来说，的确是一个正向而有利的创新。

第三节　交易所区块链

对比银行、保险行业的狂热高调，交易所领域的区块链技术应用似乎要内敛一些，尤其国内的交易市场，更鲜有声音发出。有专业人士认为，区块链并不适合交易市场高频的场内交易，而且现有的中心化的撮合交易非常高效。无论从交易总量还是峰值交易速度来说，现有的区块链技术都不具备进行替换的优势。

这的确说明了部分现实情况，不过，全球范围内的交易所似乎也并不想落于时代之后，从 2015 年开始，以纳斯达克为代表的先锋部队便开始冲锋陷阵，进行了多场景应用的技术开发。

区块链的主要交易贡献

早在 2015 年年初，纳斯达克就是少数公开探索区块链应用的华尔街公司之一。2015 年 5 月，纳斯达克宣布筹建"Linq"，这是一个基于区块链发行 Pre-IPO 股票的服务，同年 12 月，纳斯达克第一次基于此平台发行了股票。

2017 年 3 月，由纳斯达克推动和提供技术支持的纽约互动广告交易所（Nyiax）宣布进入试点阶段，纽约互动广告交易所为买卖双方提供透明的数字媒体交易过程。它允许出版商、广告客户以及媒体广告投放商基于保障性合同购买、销售、重新交易广告资源。据称，它将成为第一个建立在云端并在区块链上运行的交易所。该交易所主要是在保障性合同基础上进行交易，能够提高交易效率，减少交易双方不必要的成本和风险。为此纳斯达克提供了金融框架架构和尖端技术，整合了区块链、云交易和清算技术。

紧随纳斯达克脚步之后，全球的交易所都开始了跟进，如芝加哥商业交易所、德意志交易所、中国金融期货交易所、LCH.Clearnet、日本交易所集团、澳大利亚交易所、韩国证券交易所、新加坡交易所，乃至缅甸证券交易所，等等，可以说各国主要交易所和清算行都在研究如何使用区块链技术，以免被边缘化。而大部分的研究应用，都集中在结算领域，少部分涉及信息储存。

区块链在证券交易市场中的主要应用场景[1]，可以归结为：

第一，实现自动化结算。

以中国股市为例，所有的股民都应该知道，股票买卖的资金结算，只是实时给予结果的呈现，账户资金的转账和体现，则只能达到T+1（尽管连余额宝都实现了实时转入转出），国际惯例则是T+3。区块链技术的引用，则可利用智能合约、自动化清算流程，从而绕过第三方，提高交易速度，降低成本，实现实时到账。

第二，可用于证券登记。

区块链技术有高度的可信性，不可篡改，可以追溯和私匙的良好保密性，都适用于证券登记，并可以提高登记效率，降低风险和错误。

第三，场外交易市场可能是开发主方向。

---

[1] 资料参考：爱分析《区块链技术到底能给股票交易带来多少改变》，由虎嗅发布。

区块链技术由于其需要大量的数据储存空间和较长的交易确认时间，目前无法取代场内的高频交易方式，因此场外交易市场的股权交易管理，将成为区块链重要的用武之地。纳斯达克已经针对此应用开发了纳斯达克 Linq 系统，对非公开公司的股票交易提供非常有前景的想象空间。

纳斯达克 Linq 及启示[①]

私人企业的股票管理一直被认为是测试区块链技术最理想的应用之一。

2015 年 12 月，纳斯达克首次使用基于区块链技术开发的纳斯达克 Linq 系统完成和记录了一笔非公开公司股票证券的交易。纳斯达克的首席执行官罗伯特·格雷菲尔德在声明中激动地声称："这笔交易标志着全球金融行业的巨大进步，代表了一个对区块链技术的应用意义重大的时刻。其对结算流程和过时的行政系统影响深远。"

那么，纳斯达克 Linq 到底具备什么代表"巨大进步"的特质呢？

Linq 作为首个基于区块链技术建立起来的金融服务平台，能够展示如何在区块链技术上实现资产交易。同时，这也是纳斯达克 PRIVATE MARKET（私人市场或称为私募市场）的一个重要组成部分，是为一些还不想 IPO 的私人公司提供股权交易流通的平台。这意味着 IPO 之前的交易变得再次令人关注，因为投资者希望能够获得一些流动性，也可以减少早期阶段管理层的压力。

其具体的优势主要体现在：

首先，信息更加可视化。所有股份的数字，包括尚未分配的股份，都

---

① 参考资料：Pete Rizzo, *Hands On With Linq*, *Nasdaq's Private Markets Blockchain Project*。

通过可视化的颜色块来代表，纳斯达克称该数据为"股权时间轴视图"。那些已经发生的交易将会在时间轴上显示为"空"，并且变成灰色。用户还可以看到箭头，说明该股份是如何被转移和划分的（见图4-1）。

图4-1　纳斯达克 Linq 内公司股份情况展示

资料来源：Pete Rizzo，*Hands On With Linq*，*Nasdaq's Private Markets Blockchain Project*

而利用颜色编码的方式，则能够非常直观地通过开放资产协议（Open Assets Protocol），来显示区块链技术是如何通过相应条款和条件来创建独一无二的资产（见图4-2）。

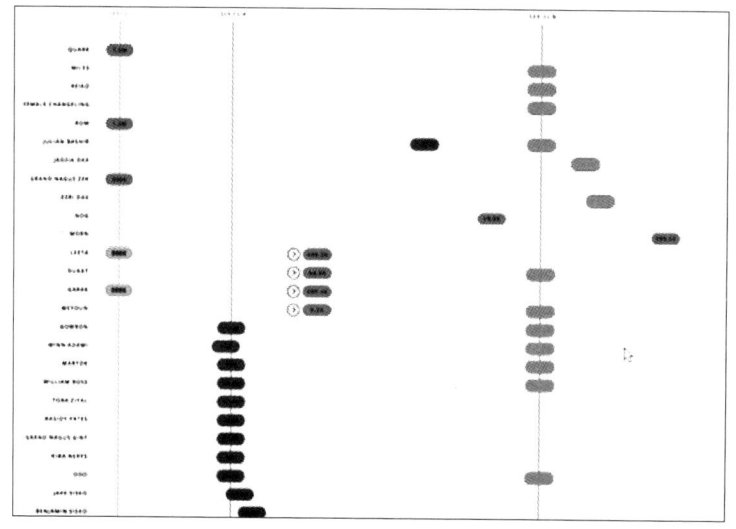

图4-2　纳斯达克 Linq 内被颜色编码的资产

资料来源：Pete Rizzo，*Hands On With Linq*，*Nasdaq's Private Markets Blockchain Project*

其次，数据足够透明。客户可以在交互式股权时间轴上，显示个人股份证书是如何发给投资者的。有效的证书和取消的证书都有不同的现实效果，前者还会显示诸如资产 ID、每股价格等信息。公司则可以通过发行日期来查阅证书，包括查看最多或者最近的证书，并且只要点击一下，就可以查看哪些投资者在企业内持有最多的股份（见图 4-3）。

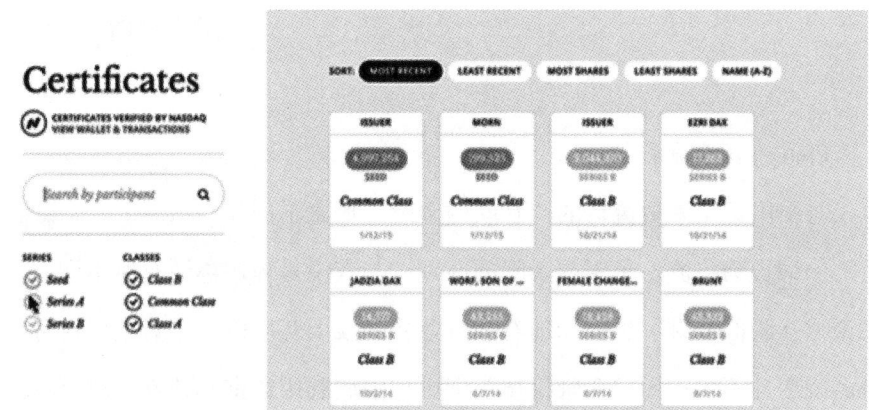

图 4-3　纳斯达克 Linq 内便捷的信息查询

资料来源：Pete Rizzo，*Hands On With Linq*，*Nasdaq's Private Markets Blockchain Project*

当然，采用新技术创建资产证书，也是该平台的一个突出特点。

虽未亲身体验，但从公开资料来看，这是一个足够时尚的系统，尽管区块链技术的应用还在不断完善当中，不过仍旧给予了我们必要的启示。对于中国多层次资本市场来说，在主流证券交易市场之外，正需要这样的一个系统平台，比如股权众筹，可以非常现实地解决该领域内面临的困境。对于这一话题，后文将加以说明。

第四节　Fintech 公司区块链

Fintech 即金融科技。

与中国近年来更流行的"互联网金融"概念不同，在国际上"金融科技"一词更为主流。至于两者间的区别，与其说是地域称谓有所不同，不如说"互联网金融"更强调现有金融业务的线上互联网化，对金融业务本身的改变并不多；而"金融科技"则更加强调利用数据和技术，对金融业务本身进行各领域创新，互联网只是其最基础的实施手段。

因此，伴随技术的不断进步，尤其是机器人、大数据、区块链在金融领域的广泛应用，"互联网金融"越来越多地被"金融科技"所取代，成为新金融的希望所在。

2016 年被称为 Fintech 元年。有调查预测，未来超过 20% 的传统金融服务业务有望被独立的金融科技企业取代（也许更多），尤其是带有自治去第三方特征的区块链技术被金融界广泛接受之后，越来越多的技术型公司变身为 Fintech 公司，新金融脱离旧领地，给全世界带来了 2.0 版本的进化论。

▍Fintech 投资依然强劲

2017 年 2 月，毕马威发布了《2016 全球 Fintech 投资分析报告》，总结分析了 2016 年投资变化和 2017 年投资预测①（见图 4-4）。

2016 全球 Fintech 投资总额达到了 247 亿美元，而在 2015 年是 470 亿美元，同比下降近 50%。不过，2016 年全球风投在 Fintech 领域却创下 136 亿美元新高。这说明虽然全球投资市场在去年呈现收缩的趋势，但是仍旧表现强劲，并意味着对 Fintech 的追逐从最初的狂热，转向了相对成熟的谨慎期，资本将更多地关注技术的实际应用，而不是仅仅停留在理论、概念以及对未来的美好畅想上。

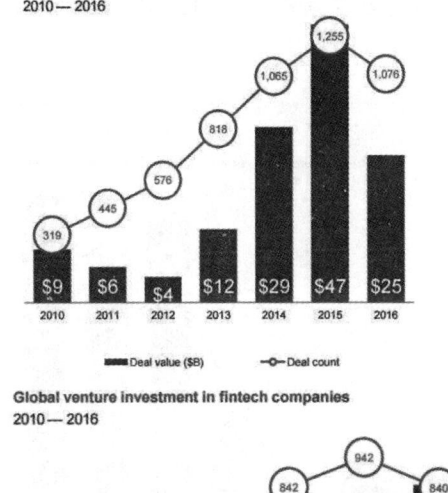

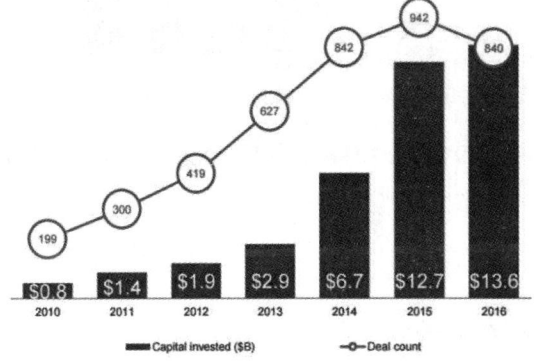

图 4-4　2010~2016 年 Fintech 公司全球投资数据

资料来源：KPMG，*The Pulse of Fintech Q4 2016*

---

① KPMG，*The Pulse of Fintech Q4 2016*。

尽管如此，KPMG也承认，对比其他领域Fintech全球融资依然表现强劲。而纵观全球市场，以中国为代表的亚洲地区，则表现出前所未有的活跃态势。其中，令人印象深刻的就是阿里系"蚂蚁金服"45亿美元的融资。它于2016年4月完成了全球规模最大的一轮私募融资，总估值则高达600亿美元。而另一些在国内知名度似乎并不高的中国Fintech公司也出现在KPMG的报告当中，例如上海的信而富2016年完成C轮融资3500万美元融资，注册于北京的量化派则获得了5亿元的C轮投资。

在区块链领域，全球投资数量从2015年的191件下降到2016年的132件，但投资总额却从2015年的441万美元上升到2016年的543.6万美元（见图4-5）。

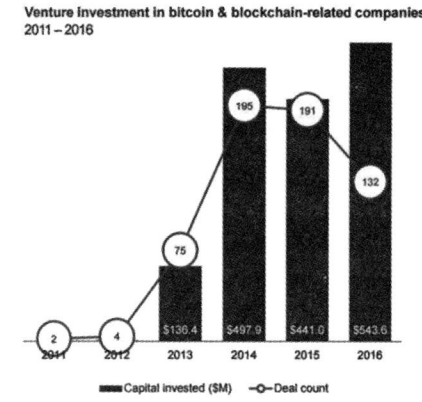

图4-5　2010~2016年比特币&区块链公司全球投资数据

资料来源：KPMG，*The Pulse of Fintech Q4 2016*

Fintech的新金融之路

正如某金融人士所言：无论人们承认与否，从某个角度来讲，信息化在整个金融企业中的作用已经到了改变金融企业生态的地步，换言之，金融企业需要 IT 属性，而企业的 IT 属性到达一定程度，企业可能就拥有了金融的特质。

同时，这也就意味着，普惠金融时代的到来！

而由于中国 Fintech 公司的发展，刚好契合了新中产和互联网消费成为中流砥柱的黄金节点上，Fintech 公司的发展比老牌欧美国家更具天时、地利、人和的优势，相应的发展速度也非常神速。

对比传统金融充满历史感的沉淀和磨砺，中国 Fintech 公司更像革命新贵。例如，中国最大的银行（也一度是全球最大）工商银行创立于 1984 年，拥有几十年的历史和无数的国家资源。而中国最大的 Fintech 公司"蚂蚁金服"，刚刚走过十多年历程，属于私营企业。工商银行在全国拥有 1.67 万个网点，有 46 万多员工（2015 年数据），市值 1.67 万亿人民币，而蚂蚁金服在中国没有线下实体网点，员工约 6000 人，估值 600 亿美金。也就是说，蚂蚁金服用了不到工商银行约 1/3 的时间、约 1/80 的人力，没有开一家店面，就打造出了 2/5 个工商银行的市值。

从业务上来说，蚂蚁金服等国内较大的 Fintech 公司的业务几乎囊括所有的银行业务，如支付、消费信贷、中小企业贷款、财富管理等，已经基本算是一个银行了，况且它们背后却是都有银行牌照予以支持。但最可怕的是，他们在实际市场中有着比银行更多的优势，例如技术、用户数据、渠道优势和对下一代用户更强的占有优势。

Fintech 公司的崛起已经是大势所趋，而区块链技术的应用，将对这一趋势起到强大的推波助澜的作用。区块链天然的互联网基因，使得 Fintech 公司在这场未来市场的争夺战中占有天然优势。而传统金融历来的一些机构牌照"护城河"，在未来可能被全新的去中介性技术应用所取代。

尽管以区块链为代表的颠覆性应用还在探索和摸索阶段，但金融的游戏规则势必将被技术所改变。不管是在银行、保险、证券，还是Fintech本身，技术的进步无人能够阻挡。

未来已经来临，只是尚未流行。

凯文·凯利的这句话，非常适合在此处出现。

Chapter 5

区块链众筹

第一节 区块链众筹(上)

无论从行业数据还是市场热度上看,整个众筹行业正在进入一种"紧缩"发展阶段,行业固有问题,促使各大平台从新技术中寻找更具发展性的突破口。贵阳众筹金融交易所,作为国内首家交易所级别的众筹平台,因其地处中国区块链发展热点城市——贵阳,对众筹和区块链的结合进行了更多先锋实验性的思考及实践。

区块链能缔造新众筹吗?

首先,众筹过去在中国的发展路径当中,由于技术、模型以及监管问题,使得众筹平台在整体上更匮乏 Fintech 气质。而目前市场上处于领先地位的平台,之所以能从竞争中脱颖而出,靠的并非是具备革新性的技术,而是更多依赖流量和项目资源优势。各种众筹模式本身自带的一些局限性,一直都没有很好地被解决,几乎成了行业顽疾。

问题 1:信息披露。

众筹项目和众筹对象之间信息的对称性,一直困扰着这个行业。即使如贵阳众筹金融交易所这样具备交易所级别的平台机构,在引入专业律师团组成的第三方保荐之后，仍旧面临信息披露真实性和全面性的风险。

对于更多的众筹项目来说，本身并没有太多热情披露核心信息，而且他们也深知，一个众筹项目在市场的受欢迎程度，某种意义上并不取决于真实，而是取决于"包装"。就像任何一家企业进行 IPO 时，都要向市场讲述一个前景广大、无可限量，但却无人对其负责的故事一样，资金总是闻风而动，对于乏味的现实则视而不见。

信息披露手段的匮乏，市场的现状以及该领域法律法规的缺位，都使得信息在貌似真实的广众披露中仍旧处于一种"暗箱"状态。而更为糟糕的是，很多众筹平台本身就参与了信息的造假，例如众筹项目的进度和总筹资额度。国外同行们告诉业内同仁：一个众筹项目上线后一周之内，如果众筹金额达到或者超过众筹目标总额的 30%，则该众筹项目成功率极高，反之，则失败率极高。因此，通常项目上线一周，是刷单高峰期。

在过去一年，国内某众筹大型平台，就因为一款众筹破亿的无人机项目而遭受到来自行业和媒体的普遍质疑，进而成为行业笑谈。项目本身刷单"用力过猛"的行为固然非常不智，但刷单本身，却是行业内几乎公开的秘密。

问题 2：平台深度参与增信并承担风控。

众筹平台参与项目众筹的增信环节，实属无奈之举。在中国经济生态体系内，征信困境是普遍存在的问题，不独众筹如此。就像马云早期在打造电商经济之时，面临的信用困境一样，平台不得不参与交易增信，以解决网购用户的消费担忧。众多众筹平台当然也从前辈那里学习了类似的经验，在某种程度上参与到了资金监管当中，例如现在主流产品众筹平台，对于众筹资金的拨付，是有一部分作为风险控制需要有条件拨付的。

这样做的坏处是十分明显的，平台必须对众筹项目投入更多的精力，并捆绑式的分担项目风险。在本质上，平台无法做到监管机构希望的那样只是一个信息中介，相反，他们承担的责任远远超出这一界定，而众筹本身低廉的服务费用和高昂的风险之间，又难以达成平衡，从某种意义上来说，这也阻碍了众筹这一产业的发展。

问题 3：信息泄漏。

信息泄漏，是互联网生态世界中普遍存在的问题，众筹也不例外。认筹人通过注册和实际参与行为，一般都会在众筹平台留下自己的真实姓名、手机号、地址、银行账号等信息，对于等级较高的股权众筹（互联网非公开股权融资[①]），收益权众筹，将留下更多更加详尽的隐私信息。如何在合法采集客户信息的基础上，有效防止泄漏客户信息，杜绝未经客户同意擅自将客户信息用作众筹服务以外用途等行为的出现，已经成为目前我国众筹行业面临的一大挑战。

区块链技术在众筹领域的应用，在信息的对称性、P2P和信息防泄漏这几个方面，都能使之做出重要改变。更为重要的是，区块链可以给众筹增加技术含量，用算法建立公信力，降低平台风险捆绑，真正让众筹在更大范围内"众"起来。因此，区块链技术具备这样的条件和实力缔造新的众筹环境，只是就目前来说，还需要时间进行必要的技术和实践准备。

区块链下的产品、公益、收益权众筹

除了前文提到的三大主要问题外，对于不同的众筹类型，区块链应用

[①] 按照监管规定，目前市场上"股权众筹"的正式称谓为"互联网非公开股权融资"，为方便读者理解，本书将一律沿用大众普遍接受的称谓"股权众筹"。

和痛点解决亦有所不同。

1. 区块链与产品众筹

对于产品众筹来说，区块链可以从三个方面对其进行优化：

第一，优化众筹标的物在生产、制造、物流等环节的信息真实性及可追溯性，可以避免出现众筹标的物描述为A，兑现为B的情况。尤其是在实验室产品或概念产品的成品过程中，可以很好地进行全景式信息展示，在公开性、透明性方面，取得众筹参与者的认同乃至深度参与。

第二，可以加强对众筹标的物众筹过程的监管，尤其是对众筹资金的使用情况，监管是否存在资金挪用、滥用问题。

第三，能在很大程度上优化目前产品众筹严重雷同于团购的问题。不得不说，目前众多主流众筹平台，尤其是电商基因平台，产品众筹与团购在很多时候是"傻傻分不清"，但这也无从苛责众筹平台，众筹实验室产品的风险毕竟相对较高，可控性可以说非常差。区块链技术的应用可以在很大程度上突破实验室创新类众筹的"暗箱"感，即使产品最终未能如意，但过程的公开透明，有利于认筹者对所兑现的承诺做出理性评估。从这一点上来说，区块链将助力众筹在更大程度上回归初衷，促进先锋性、创新性的产品实践，让更多实验室概念更快速地进入应用和市场阶段。

2. 区块链与公益众筹

公益众筹的痛点，毫无疑问是所筹善款的使用监控问题。

公益事业对项目本身的公信力要求比较高，公信力的毁灭不但能毁掉一个公益项目，同时也会毁掉主持该项目的公益机构。大家所熟知的"郭美美事件"让中国最具影响力的公益机构在此后多年处于相当被动和劣势的舆论环境当中，募款能力亦直线下降。而2016年以来的"罗尔事件"再次让大众体验到了公益项目中扑朔迷离的信息披露难题。

正因为如此，很多公益平台才将目光移向区块链，目的就是通过这一技术改善财务公开透明的问题，还公益以公益。目前在该领域，阿里旗下蚂蚁金服正在做积极尝试，有媒体报道，壹基金和中国红十字基金会率先提交了在该平台上线项目的申请，红十字基金会首个区块链公益项目"和再障说分手"完成了上线并实现实时账目公示[①]。

对于贵阳来说，区块链公益扶贫是政府在重点推进的一项工作。《贵阳区块链发展和应用》白皮书中陈述：贵阳将区块链技术引入精准扶贫应用，此一动作属全国首创。将利用区块链技术全程记录、顺序时间戳、不可篡改、可追溯、防伪造等特性，在精准扶贫的全链上从前端到末端对每一个贫困人口精准识别、科学帮扶、有效退出，使政府政策、资金、管理、监督进入区块链的各个环节，把传统的人员管理方式与区块链技术应用结合并行，设置好应用场景，保障措施到位。

贵阳众筹金融交易所在众筹公益和扶贫方面也有众多经验，例如在众筹所上线的光伏发电扶贫项目，在世界众筹大赛平台上线的"生态牛养殖众筹"精准扶贫项目等，皆表现出了优异的募资能力（见图5-1）。未来区块链技术的应用，将更加有利于平台公益透明性建设，不仅对于善款使用做到公开透明，对扶贫效果的评估也会科学及时，这也是贵阳精准扶贫的主要目的。

---

① 参考资料：新浪公益：《支付宝爱心捐款平台引入区块链技术打造透明公益》。

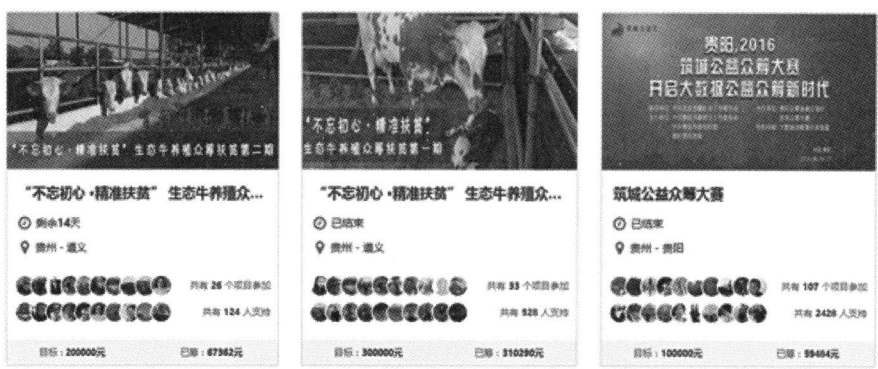

图 5-1　世界众筹大赛众筹扶贫项目

资料来源：世界众筹大赛官网

3. 区块链与收益权众筹

收益权众筹产品，一直是贵阳众筹金融交易所的特色产品，在《解放众筹》和《众筹的解放》两本书中均从不同角度进行了详细描述。相较于股权众筹这种涉及股份问题的"重型"众筹，收益权众筹相对较"轻"，属于权益对等分红的一种众筹回报方式，但也正是由于"权益对等分红"这种看不见、摸不着的方式，使得平台承担了更多的项目捆绑风险，对项目的筛选要求更高。换句话说，收益权众筹对项目要求更高，特别是收益稳定性和持续性方面。

因此，收益权众筹项目的痛点，是对收益的确定。如何让众筹项目公开、透明、实时地披露收益，是这种类型众筹的关键所在。当然，伴随区块链技术的应用，可以有效地解决这个问题，但同时也会带来一些挑战，比如企业在这种情况下必须公开自身的财务状况，财务透明将牵扯到纳税问题，因此，收益确定这件事，是有很高技术含量的。

第二节 区块链众筹(下)

股权众筹和债券众筹(P2P),在市场上扮演着众筹世界中拥有金融属性的"课代表",当然,也是遇到问题和麻烦最多的两个众筹类型。它们在事实上承担了互联网金融普惠大众的一些功能,但同时由于机制、监管、平台等不到位和不健全,在2016年遭遇了发展障碍。舆论和严厉监管政策的出台,让市场得以重新冷静。对于区块链,则被看作是技术升级的很好工具,在全球范围内已经有了一些先行者。

▎区块链下的股权众筹

2016年著名股权众筹平台"36氪"发生了一例众筹项目涉嫌欺诈事件,使得很多早已存在的行业问题暴露在行业和公众面前。甚至有专家在媒体公开发表言论,认为股权众筹的风险已经超过P2P,而且在现实的市场当中,股权众筹远没有宣传的那么"高大上",所耕耘的市场和项目皆属于专业风投抛弃的二类以及更差项目。项目本身风险偏高,众筹的投资人又先天带有"散户化"特征,结果导致风险不是降低而是扩大了。

但在从业者看来,关于市场优质资源抢夺问题,是阶段性问题。本质性的问题，在于股权众筹能否用技术性手段，优化和解决目前股权众筹当中的一些诸如信息暗箱、股权登记、二级市场流通等问题。当然，从目前人们对于区块链技术的认知和应用来说，答案是肯定的，特别是能让股权众筹拥有更优质资本市场想象空间的股权登记和交易退出问题。

1. 关于股权众筹的股权登记问题

股权众筹目前遵从和使用的股权登记方式，非常传统而且带有强烈的"线下"色彩，可以说远落后于市场需求。股权登记作为股份确权的一个重要凭证环节，对于股权众筹来讲，是非常关键的，决定着后面股权流通性好坏及退出的便力性。

区块链众筹股权登记，将充分利用区块链账本的安全透明、不可篡改、易于跟踪等特点，记录公司股权及其变更历史。最重要的是，去中心化的特性，让这种登记摆脱了对第三方机构平台的依赖，用自证的方式，快速有效地进行确权，确实可以解决当前股权众筹工商登记确权的尴尬问题。

2. 关于二级市场的交易转让

只要股权的确权行为能够在区块链上实现，那么，未来股权的交易，就会像比特币的交易一样，可以自由、自发，且有安全保障。对于贵阳众筹金融交易所来说，在这个问题上，不但是探讨二级市场交易退出的问题，还可以在更广泛程度上建立一个基于二级市场交易的区块链联盟，将全国股权众筹项目上链，共享众筹股权的相关信息，例如股权登记，这样，联盟内就有条件进行股权的自由交易，从而刺激二级市场的活跃性。

这种设想，类似于纳斯达克的 Linq 即私人股权交易平台，这个交易平台的使用，被业内认为是主流金融系统使用区块链技术的里程碑，具有很强的借鉴意义。

3. 区块链智能合约可以优化众筹过程及投后管理

从股权众筹的发起到投后管理分红，都可以采用智能合约的方式，保障合约不被篡改和真实履行。例如，在发起阶段，众筹项目是否成功，或者是否完成领投、跟投节点，都可以设立智能合约。在投后管理方面，股东最为关心的分红问题、项目失败后的清算处置问题，都应在众筹完成前设置为条件触发式智能合约，有利于认筹人自始至终可以保障己方权益。

当然，除了上面三个方面外，区块链还会在优化清算、结算效率，降低交易成本，提供安全保障方面发挥优势。同时，还应该看到，股权登记实现的数据共享和全程可追溯的特性，在事实上，也便于监管机构进行监管，从而改善行业现状，促其健康发展。

区块链下的 P2P

从 2014 年 1 月到 2016 年 10 月，P2P 网贷行业单月整体成交量由 117.68 亿元涨至 1885.61 亿元，市场容量增长速度惊人。神速增长终结于 2016 年 10 月，该月单月整体成交量是 1885.61 亿元，跟 9 月 1947.17 亿元的单月整体成交量相比，环比减少 3.28%，作为一个转折点，P2P 从高歌猛进走向成交量下行区间。紧接着，就是业内外臭名昭著的"e 租宝"事件，以及 2017 年年初热搜榜上的"大学生裸贷风波"。

因此，在良莠不齐、鱼龙混杂的网贷行业，P2P 平台要让用户或相关企业相信自己，区块链技术会是一个良好的技术解决方案。

1. 区块链能让网贷行业重塑平台公信力

网贷 P2P 目前的确面临整体的公信力危机，特别是由个别害群之马带来的负面影响，导致整个行业的商誉严重受损，很多地方提到 P2P 就会联想到非法集资、卷款诈骗、高利贷等字眼。造成这种结果，除了某些机构及个人违法违规操作之外，还有行业固有的一些灰色地带，例如，虚报标的物、借贷合约随意更改、平台参与包装标的物导致信息严重错位等。

如果将 P2P 区块链化，那么首先平台信息的真实性、公开性、透明性将得到一定保障，加之经过 2016 年至今的政府严管，P2P 行业在经历整顿和市场优胜劣汰后，最终还是会迎来发展的春天的。

2. 区块链可以帮助 P2P 行业解决征信难题

征信是 P2P 行业里一个至今未能很好突破的痛点，对某些平台来说，当前借贷欺诈风险在 P2P 业务坏账中的占比已经高达非常恐怖的 60%~70%，只有少数有强大金融机构关联背景的平台，可以在自身生态体系内完成部分征信闭环，对于大多数新发展起来的网贷机构来说，征信是业务的基础，但在事实上却极度匮乏有效信用凭证。

区块链征信对于整个征信行业意义自然巨大，这一问题的解决，不仅对于 P2P，对所有的金融产业环节都将是极大的利好。2017 年度 1 月份，北京网贷行业协会对外宣布其引入区块链技术构建"X-credit 信息共享系统"，该系统主要通过技术解决目前机构间数据信息孤岛以及网贷行业中多头借贷和反欺诈问题。据公开媒体报道，目前已经有 30 余家机构加入共享系统，共享索引超过 1000 万条[①]。

[①] 参考资料：《打破平台间数据孤岛引入区块链技术：北京网贷协会发布信息共享系统》，《华夏时报》，2017 年 1 月 23 日。

值得注意的是，这个由协会牵头构建的体系，在数据安全和权益保护上，进行了弱中心模式处理，要求从技术上保证协会本身不接触数据，不复制、留存、修改数据，使平台中心从数据流动的控制者和最大获益者变成普通服务者，机构数据权益受到最大限度保护，从而也在一定程度上破解了机构不敢共享数据资源的壁垒。

数据共享，最终还在很大程度上提升了监管效率。2016年8月中国银行监督管理委员会等多部委联合发布的《网络借贷信息中介机构业务活动管理暂行办法》明确规定了同一借款人在同一网贷机构及不同网贷机构的借款余额上线。个人在一家P2P平台上借款不能超过20万元，在所有P2P平台上借款不能超过100万元；企业在一家P2P平台上借款不能超过100万元，在所有P2P平台上借款则不能超过500万元。数据共享后，这一监管规定将会轻松得到实施。

3. 区块链能促进P2P行业横向延伸发展

目前已经有一些网贷平台在通过部署区块链技术来拓宽业务链条，例如，票据P2P业务、供应链金融以及消费金融等领域。

除此以外，区块链技术的应用可以在很大程度上解决平台风险问题，这里包括平台对项目直接或间接的信用背书，以及平台业务人员的道德风险。目前，在市场实际执行当中，这两者都对网贷平台造成了极大的发展危害。

第三节　区块链众筹贵阳模式

贵阳众筹作为行业内的一个独特的标杆模式，由贵阳众筹金融交易所、世界众筹大赛、众筹学院及众筹的众多第三方配套机构构成，在行业内一直独树一帜，且走出了自己的特色化道路。

2015年，世界众筹大会及世界众筹大赛在贵阳落地并成功召开，奠定了贵阳"世界众筹之都"的基础，活动吸引了国内外1632个项目报名，近500家众筹平台参展，有94个项目直接参与平行论坛路演，其中"2015贵阳大数据草根创新公开赛"路演项目34个，78517人参与投资，39场高端论坛，45场活动，3万人次参会，1.2万来自世界和全国各地的参会人员，近400家媒体现场报道，网站1000万累计访问量，Alexa排名在短短一个月达到56万名。来自美国、英国、加拿大、澳大利亚、以色列、新加坡、德国等国的众筹专家、众筹平台创始人和金融界巨头一起参与和见证了此次行业盛会。

2016年，贵阳政府率队前往伦敦进行考察，期间，由伦敦大学亚非学院和贵阳市人民政府共同主办的"伦敦—贵阳众筹之都高峰对话"论坛在伦敦大学亚非学院举行，双方共同发起促进世界众筹联盟成立，使得贵阳成为中国众筹对外交流的前沿窗口。

近年来伴随贵阳大数据的崛起和区块链的城市化运动，贵阳众筹站在了全国众筹实践前沿。贵阳众筹金融交易所与来自北京、上海、江苏、深圳及贵州本地企业一起发起并加入了"贵阳区块链发展联合组织",以推动贵阳的区块链理论及应用实践发展。关于区块链众筹,本节会重点探讨 ICO 模式和基于贵阳众筹生态的五环业务架构。

众筹 ICO 模式

简单介绍一下 ICO。

ICO,全称:Initial Coin Offering,可以理解为数字币或者原始币首次发行的意思,是数字货币和区块链社区的产物。ICO 的命名和模式在很大程度上模仿了 IPO(全称:Initial Public Offering,即"首次公开发行",指股份公司首次向社会公众公开招股的发行方式)。ICO 与之非常类似,只不过发行的不是股票而是数字币,一般称之为代币(Token),而非数字货币,因为很多代币并非法币,在一定程度上具备数字货币功能,但并没有相应的法律地位。所以,在全球区块链世界中看,这尚属于自由之地,存在众多争议的同时,又被赋予了极其远大的发展前景。

基于区块链技术,ICO 便具备了独特的魅力:

第一,这种代币发行是全球性质的,几乎任何人都可以参与,互联网和自由属性强烈。

第二,整个发行过程是公开、公正、透明的,且不可篡改,持有者个人身份具有良好隐秘性。

第三,伴随着 ICO,产生了一种全新的公司治理方式,即全体持币人自治。很多 ICO 项目决策,是通过全体持有人投票决定的,逻辑简单,但区块链技术保障了其公正性和透明性。例如,"The DAO"项目遭到黑客劫持后是否采用硬分叉方案便是通过投票决定。

提到 The DAO，是以太坊平台公开众筹发布的一个类似于风险投资基金的存在，投资人通过认筹代币参与项目众筹，并成为基金未来发展和项目投资的共同决策者。正如 DAO 的全称：Distributed Autonomous Organization，即"分布式自治组织"，整个生态循环可以看作是，以太坊平台通过众筹以太币募集而成 DAO，DAO 持有者通过共同决策，去投资支持其他项目，以太币为其通行代币。

在某些研究机构看来，DAO 和 ICO 的出现，是对传统公司组织形式和募资方式的颠覆，甚至认为是一种革命性的力量，特别是代币在众多平台的流通，将在极大程度上促进数字货币的发展，而数字资产在未来很有可能成为机构或个人投资者资产配置的重要组成部分。[①]

国内目前采用 ICO 模式运营的机构已经有数家，还处于探索阶段。对于贵阳众筹金融交易所来说，这是一个很好的方向，特别是在过去一年，交易所深度涉猎了消费积分交易市场。在某种意义上，消费积分可以看作是另一层面上的代币，只是在功能界定上有一些不同。

那么交易所作为一个天然具备交易功能的要素市场，还可以借鉴纳斯达克 Linq 的经验，除了进行代币发行外，还可以在更深层次拓展二级市场的交易和流通。基本上来说，贵阳众筹所的 ICO 生态体系（见图 5-2）应该是一个以贵阳区块链生态为内核，以贵阳众筹交易所的市场功能为基础，搭建的基于代币众筹发行和数字资产交易流通的构架，最终目的是在有效监管范围内，带动和推动商品和企业权益即股权的数字资产化，帮助企业通过更新的融资通道，实现企业发展。这对于中国多层次、多级别资本市场的建设，具有很重要的实践意义。

---

① 参考资料：新三板府研究院发布的首份《新三板区块链的系列研究报告》。

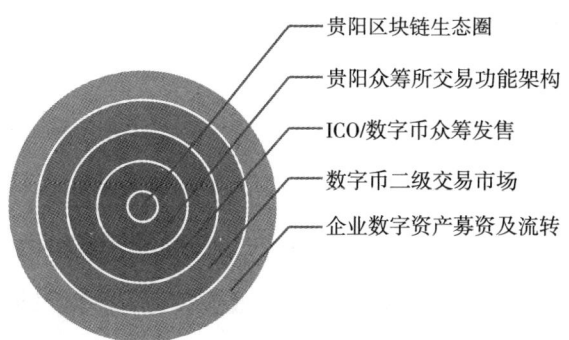

图 5-2　贵阳众筹金融交易所众筹 ICO 生态系统

资料来源：贵阳众筹金融交易所

即使如此，区块链和众筹 ICO 仍旧面临着极大的挑战。比如 The DAO，这个众筹募集了 1.6 亿美元的项目，遭受黑客劫持后不得不采用人为干预的硬分叉方案挽回损失，使得天然带有高度安全性标签的区块链世界遭受重创。同时，也有一部分学者认为，基于区块链技术创立起来的自治组织，采用了看似公平正义的集体主义方式，在现实实践中，很可能带来更加混乱的投资决策，并降低效率。与设计上的"缺陷"相比，区块链的一切应用还面临着共同而不确定的风险，那就是来自各国政府的法律和监管风险。

当然，基于区块链的生态架构，需要在技术上进行长时间的探索，并做好监管和风险防控。在监管方面，贵阳具备一定的地域优势，因为贵阳政府是第一个提出将区块链引入金融监管，尤其是互联网金融监管的地方政府。贵阳的区块链创新和实践目前来看，其政策环境的优越性在全国位列前茅。

而更多着眼于未来的实践者则更乐观地认为，数字资产或者说代币及代币基金的另一个好处，就是能够为风险投资资产类别带来更大的流动性，相比传统投资者在 VC 及 PE 当中投入的资金可能需要持有 5~10 年才能退出相比，基于代币的数字资产交易可以在一个交易市场中及时完成流动和退出，为其他传统非流动性资产提供了很好的应用场景和通道。

贵阳众筹新五环

基于前文所探讨的贵阳众筹金融交易所众筹 ICO 生态系统，贵阳众筹交易所实际将建立一个基于众筹的数字资产交易流通市场，市场的标的物可以涵盖商品、收益权和股权等各类资产，实现商务和金融的资产对冲。

那么在这个基础上，将搭建起一个业务新五环命运共同体，如图 5-3 所示：

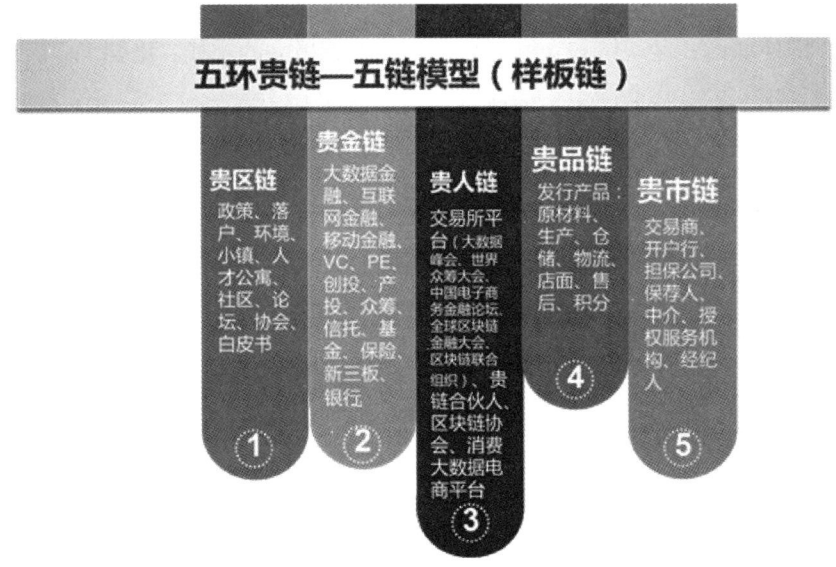

图 5-3　五环贵链—五链模型（样板链）

资料来源：贵阳众筹金融交易所

五环命运共同体，其内核仍旧是贵阳区块链的整体生态环境，即贵区链。这包括贵阳政府通过白皮书披露的三大领域 12 个应用场景：图票据区块链、小微企业信用认证、数据交易与数据资产流通、供应链管理与供应链金融、货运物流等。围绕这些技术的应用场景，贵阳团结了一批处于国内实践前沿的区块链研发应用公司及 Fintech 公司，这些将成为五环业务构架的核心技术支撑和政策环境支持。人才、协会、论坛等，则是整体生态的有力配套。

第二环贵金链，是区块链技术的金融应用场景实践者，也是构建众筹金融交易的配套支持机构。领域包括大数据金融、互联网金融、移动金融、VC、PE、创投、产投、众筹、信托、基金、保险、新三板、银行等。

第三环贵人链，包括交易所平台（大数据峰会、世界众筹大会、中国电子商务金融论坛、全球区块链金融大会、区块链联合组织）、贵链合伙人、区块链协会、消费大数据电商平台。

第四环贵品链，是包括原材料、生产、仓储、物流、店面、售后、积分等在内的发行产品。

第五环贵市链，是整个业务构架推动者、实现者和服务者，是体系中至关重要的第三方机构，包括交易商、开户行、担保公司、保荐人、中介、授权服务机构、经纪人等。

由此，一个基于贵阳区块链生态环境和贵阳众筹金融交易所专业市场的市场集成组织"区块链集团"正在筹建当中，该集团通过整合贵阳的生态资源，最终构建一个数字资产的交易和消费平台（见图5-4、图5-5、图5-6）。

图5-4　贵阳众筹金融交易所技术核心

资料来源：贵阳众筹金融交易所

图 5-5　贵阳众筹金融交易产业链模型

资料来源：贵阳众筹金融交易所

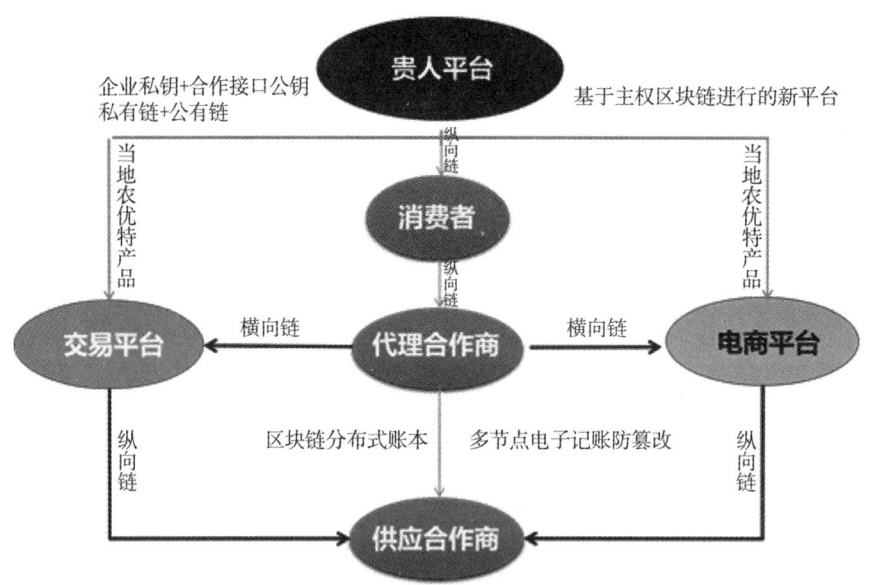

图 5-6　贵链业务流程总图

资料来源：贵阳众筹金融交易所

如图 5-6 所示，这样一个产业链模型的打造和实现，将在很大程度上关注那些非传统的金融资产及固有的众筹产品标的物，为其提供资产数字化和电商化的现实通道，并通过二级市场的交易和转让，为众多企业提供灵活的融资渠道，同时还让企业资产实现了市场化的定价，积极促进了数字资产交易和线下资产的互动、互补。

通过近年来的技术和业务储备，众筹金融交易所已经探索了酒、茶之类特色商品，项目收益权及股权的众筹方式和多层级的板块发售交易。2016 年积分交易平台的搭建为数字币系统搭建积累了经验。交易所已经形成了：一站通电商及交易区块链体系、积分+商城柜台升级、非标系统众筹体系、数字资产交易系统和积分交易系统五大系统。五环产业链模型在此基础上，将结合专业区块链应用机构，进入 ICO 众筹实践和交易市场流通阶段（见图 5-7）。

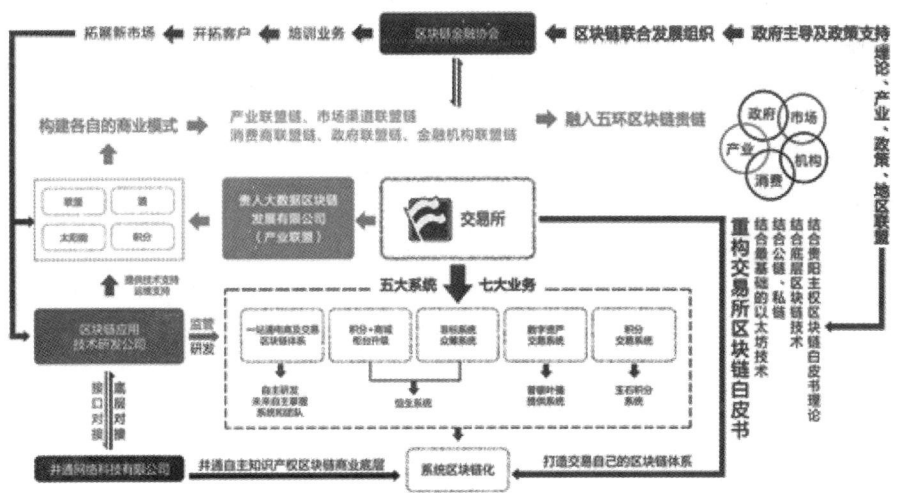

图 5-7　2017 年贵阳众筹金融交易所商业运营模型

资料来源：贵阳众筹金融交易所

Chapter 6

贵链：贵阳区块链理论实践[①]

[①] 本章中主要引用资料来自贵阳市人民政府新闻办公室发布的《贵阳区块链发展和应用》白皮书。

第一节　贵阳区块链战略

目前全国区块链发展第一梯队城市有：北京、上海、深圳和贵阳。

其中，北京占据独特的区位优势和良好的双创及人才环境，由中国人民银行、国家信息中心、中国金融电子化公司及北京投资促进局、民政局等共同牵头成立了北京区块链技术应用协会，并将区块链发展写进北京"十三五"发展规划。

上海则以长期的金融区间优势，提出大数据和区块链双轨道发展战略，由多家上海金融协会机构联合海通证券等，组成上海陆家嘴区块链金融发展联盟，占据长江流域阵地。

深圳，中国新兴科技前沿阵地，由南方科技大数据创新中心、招商证券、前海人寿等组建区块链研究院，由腾讯、华为、微众银行、恒生电子、平安银行等参与组成了金融区块链联盟，占据珠三角阵地。

以上三个城市，为中国经济发展标杆地区，在各个方面领先全国，被称为"北上深"。与其比肩位列的贵阳，此处略显特立独行，但在区块链的推动和发展上，贵阳无论在战略布局、产业政策，还是推动力度上，都有过之而无不及。尤其是贵阳政府的深度重度参与，在全国范围内无出其右。

本身，贵阳拥有大数据发展优势，近年来更以"以大数据为引领打造创新型中心城市"为目标，创建国家大数据（贵州）综合试验区的核心区和国家大数据产业发展集聚区。数据显示，2016年，贵阳市大数据及关联产业规模总量突破1300亿人民币，增长41.9%，其中，大数据企业主营业务收入约500亿人民币，排名贵州省第一。戴尔、阿里巴巴、腾讯、京东、奇虎360等海内外知名的大数据企业落户贵阳。

对于贵阳发展区块链的缘起，贵阳市委书记陈刚在《贵阳区块链发展和应用》白皮书（以下简称"白皮书"）的序言中提到：作为国家首个大数据综合试验区，贵州如何进一步抢抓机遇、先行先试，率先在区块链等前沿领域取得突破、闯出经验，是更好担负综合试验区历史使命的应有之义。贵阳作为贵州省会，在大数据发展中理应发挥积极作用，在区块链发展应用方面更应大胆探索、主动作为，努力推动时代浪潮涌向又一个高峰。

对于区块链的经济社会意义，陈刚书记进一步指出：区块链技术的发展及其广阔前景，已经引起世界范围内的广泛关注和各界各方的高度重视。作为一个迭代性的重大创新技术、一种全新的底层协议构建模式，区块链将把目前运行的互联网升级为2.0版，实现从信息互联网向价值互联网的升级换代，进而从解决信任问题入手加快推动数字经济发展，从共识、共治、共享入手加快推动网络治理变革，从破解数据资源流通与安全保护难题入手加快推动大数据发展。进一步讲，区块链的发展应用将重构社会在线上和线下的价值信用体系，以便捷、流动、互认为特征和标尺，通过广泛共识和价值分享，推动形成人类社会在信息文明时代新的价值度量衡，构建一套经济社会发展以及人们生产生活各类活动的新的诚信体系、价值体系、秩序规则体系。可以预言，在区块链的支撑和推动下，互联网的发展将完成华丽的"三部曲",即信息互联网、价值互联网和秩序互联网。

城市区块链战略

贵阳发展区块链,有其独特的优势。

随着数据资源不断向贵阳汇聚,政府数据、国家数据和互联网数据在贵阳形成一个开放共享的块数据资源池,贵阳政府亦高调向外界宣告其"块数据"的城市发展战略,区块链作为未来数字经济底层技术支撑,成为贵阳发展的重中之重。

贵阳是国家级大数据(贵州)综合试验区的核心区,是国家大数据产业技术创新试验区,是全国首个块数据城市,创立了全国首个大数据交易所、首个大数据应用国家工程实验室,大数据产业从无到有,蓬勃发展,为区块链的发展奠定了很好的产业基础、技本支撑和政策保障。

同时,贵阳正在建设国家级互联网骨干直联点,为区块链技术广泛应用提供网络基础。贵阳提出了以大数据为引领建设"块数据"城市的阶段性目标,为区块链政用、民用、商用提供了广泛的应用场景。

事实上,国家层面的区块链技术应用也在有序推进。2016 年 1 月 20 日,央行召开数字货币研讨会,对外宣布正在研发并争取早日推出数字人民币。2017 年 2 月,央行推动的基于区块链的数字票据交易平台已测试成功,由央行发行的法定数字货币已在该平台试运行。

数字货币产生数字经济效益,促进了全国首个"块数据"城市贵阳围绕"大数据和互联网金融",开展"区块链技术+金融"的新探索。资料显示,贵阳市区块链特区将设立在观山湖区,并积极鼓励在银行、保险、互联网金融、大数据交易、现代服务业等领域率先取得突破。

配合"块数据"战略，贵阳打造了一系列标杆：

2016年5月24日，第二届"中国大数据产业峰会暨中国电子商务创新发展峰会"（以下简称"数博会"）的重磅理论成果《块数据2.0：大数据时代的范式革命》，在北京、贵阳两地同时首发，引起业界普遍关注。

2016年12月9日，区块链金融高峰论坛在贵阳市观山湖区举行，贵阳市副市长王玉祥在致辞中提到：贵阳作为全国区块链金融试点城市，将致力成为全国区块链金融产业的领军城市。为此，贵阳政府将对区块链的创业企业提供各类服务政策并大力支持。

2016年12月31日，贵阳市人民政府新闻办公室正式发布白皮书，创新提出"主权区块链"与"秩序互联网"等理论，梳理了贵阳市探索区块链技术对政务、民生、商务发展应用的总体设计蓝图，是贵阳发展区块链的"宣言书"。

2017年1月9日，由贵阳市副市长王玉祥为首的中国贵阳代表团访问美国，并在洛杉矶举行区块链主题研讨会，开展区块链发展对外交流。

2017年3月18日，"贵阳区块链发展联合组织"第一次会员代表大会在贵阳互联网金融特区大厦举行，并对外宣布，贵阳正在积极促进区块链创业创新基地的筹建，正在筹备一个高端的、国际性的区块链沙龙品牌，旨在将贵阳打造成一个区块链发展的核心地区。

2017年3月31日，由贵阳区块链发展和应用推进工作指挥部、中国区块链技术和产业发展论坛主办，贵阳国家高新技术产业开发区管委会承办的"贵阳区块链应用技术学院揭牌暨首届贵阳区块链人才训练营开班仪式"在贵阳国际人才城隆重举行，将主要服务于贵阳区块链产业生态体系建设。

2017年5月26日至29日，"2017中国国际大数据产业博览会"将在贵阳举办。至本书截稿时，已有近300家展商确认参展，包括DELL、HPE、SAP、阿里巴巴、腾讯、京东等"巨头"。区块链作为处于前沿的"黑科技"，将会成为重要亮点和议题。

"数字经济之父"唐·泰普史考特（Don Tapscott）认为，对人类未来十年影响最大的"黑科技"是区块链，而不是机器人、大数据或人工智能，它将引发第四次工业革命，可能重新定义互联网甚至人类社会。

如果未来经济印证上述预言，那么未来的贵阳，将成为与北京、上海、深圳比肩而立的新型科技经济中心。

目标及架构路径

作为贵阳区块链发展的总纲性文件，白皮书确定了贵阳区块链发展总目标，并计划在五年内予以实现：

四个"一"：在全市打造一批区块链应用场景；培育一批区块链创新企业；形成一批可复制推广的商业模式；推出一批区块链规则和标准体系。

两个"建成"：建成主权区块链应用示范区和数字货币应用先行区，将贵阳打造成为区块链创新要素重要集聚地和区块链技术应用创新重要策源地；形成区块链创新应用的全产业链、全治理链和全服务链，建成区块链创新中心和应用示范中心，基本形成区块链技术创新生态体系。

三个"为"：为数字经济发展创造新动能；为互联网治理积累新经验；为国家大数据发展提供新探索。

为实现上述目标，贵阳在空间布局上设置了"一核四区多中心"发展模式，重点发挥观山湖区本身经济产业基础优势，引领并带动高新开发区、经济技术开发区、综合保税区、航空港经济区四区协同发展。

其中，"一核"指：充分发挥观山湖区金融聚集、服务业发达、配套设施较全的优势，重点打造贵阳区块链技术与应用特区，在银行保险、互联网金融、大数据交易和现代服务业等领域实现突破，形成贵阳区块链技术和应用的核心区。

"四区"指：高新技术开发区，重点开展区块链技术研究和应用创新，孵化高成长型区块链企业，打造区块链技术研发和应用生态基地；经济技术开发区，重点推动区块链技术在工业智能制造、大数据安全、智慧物流以及两化融合、军民融合等方面的应用；综合保税区，重点探索区块链技术在跨境结算和离岸金融领域的应用，搭建公共技术支撑平台，提升进出口服务能力，推动出口型企业在综保区聚集；航空港经济区，重点探索建设以区块链创新为导向，以航空物流、航空器及运行保障，乘运服务等综合服务业为指向的航空港区块链综合试验区。

"多中心"指：云岩区、南明区，推进区块链技术在智慧社区、城市安全、创业就业、社会保障等领域的广泛应用，同步推进大数据产业基地孵化和培育区块链技术应用型企业，合作共建区块链技术人才培训基地；清镇市，将区块链技术应用到生态保护示范和数联网应用示范，同时依托职教城开展对外合作，共建区块链技术和应用学院；乌当区，开展区块链技术在药业和健康养生领域的应用和人才培养；白云区，重点推进区块链与电子商务融合发展，将其应用到智慧社区的民生服务中；花溪区，重点推进区块链在文化旅游、人才培养、生态环境保护等领域的运用；修文、开阳、息烽三县，重点推进区块链在农村电商和精准扶贫领域的运用，同时积极拓展将区块链运用到大型国有企业和民营企业的生产经营活动中。

政府部门直接参与并强势推动，是贵阳区块链发展应用的最明显特征。为保障五年目标顺利达成，政府做了明确的时间节点部署，总体形成"三步走"战略。

第一阶段：总体架构和试点启动阶段。

2016年，制定贵阳市区块链发展和应用的顶层设计，明确区块链发展的目标任务、技术路径、工作计划、行动方案和保障措施等。

2017年，推进主权区块链在首批12个场景的试点应用，其中，在政用领域实施数据开放共享、数据铁笼监管、互联网金融监管3个应用项目；在民用领域实施精准扶贫、个人数据服务中心、医疗健康、智慧出行4个应用项目；在商用领域实施供应链管理、数字物流、数据交易流通、金融票据、小微企业信用认证5个应用项目，探索主权区块链概念验证示例，积累区块链行业应用经验（见图6-1）。

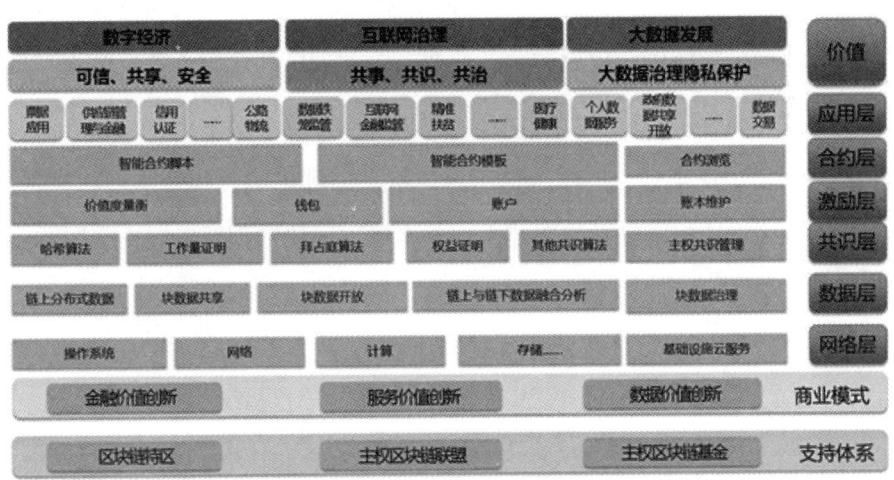

图6-1 贵阳区块链发展总体架构

资料来源：《贵阳区块链发展和应用》白皮书

第二阶段：应用推广阶段。

2018年，编制区块链在更多领域和场景的应用方案，制定主权区块链技术在不同行业和领域的应用标准与规范，探索规则与共识形成机制，围绕金融科技、能源区块链、物联网、知识产权等领域开辟30个以上的应用场景，全面开展区块链在各行各业的推广应用，初步建立区块链产业生态，形成较为成熟、可复制的商业模式。

2019年，基于区块链技术在多个场景下的应用成效，进一步完善区块链发展的总体架构和推广工作机制；建立人才培养基地和人才供给体系；初步建立区块链技术的创新能力体系；探索建立推动区块链发展和应用的地方法规；争取国家支持，探索在重点区块链应用场景下法定数字货币的先行先试。

第三阶段：体系形成阶段。

2020年，全面总结区块链发展经验，在政用、民用、商用领域全方位推广，形成区块链创新应用的全产业链、全治理链和全服务链。产生一批有竞争力的领军型区块链企业，建成一批区块链技术创新中心、工程研究中心和应用示范中心，形成一批主权区块链的理论研究和技术创新成果，基本形成区块链技术创新生态体系，基本确立区块链创新发展在全国的领跑地位。

按照这样的雄心和布局，贵阳的对标城市就是英国的伦敦和美国的硅谷。

第二节　贵阳区块链理论

贵阳拥有自己独树一帜的区块链理论体系。

在白皮书中明确提出"主权区块链"、"绳网结构"理论和"扁担"模型等新理论、新概念。"主权区块链"强调在国家主权构架下，实现公有价值在区块链上的自由流转。"绳网结构"是相互独立的区块链，彼此相互连接，编织成跨区域、跨场景、跨部门应用的网络结构，形成一个能承载更广泛的各类价值应用的区块链立体空间。"扁担"模型是指关于区块链技术（T）、区块链应用（A）和数字金融（F）的结构关系的模型。

主权区块链

主权区块链理论的核心观点为：区块链技术的发展必须在国家主权框架之下。

随着全球互联网的发展，人类社会将构建网络空间命运共同体，而这是以尊重网络主权背后的国家主权为前提的。区块链技术发展必须在国家主权范畴下，在法律的监管下，从改进与完善自身架构入手，以分布式账本为基础，以规则与共识为核心，实现不同参与者的相互认同，进而形成公有价值的交付、流通、分享及增值，建立主权区块链。未来，在主权区块链发展的基础上，不同经济体和各节点之间可以实现跨主权、跨中心、跨领域的共识价值的流通、分享和增值，进而形成在互联网社会的共同行为准则和价值规范（见图6-2）。

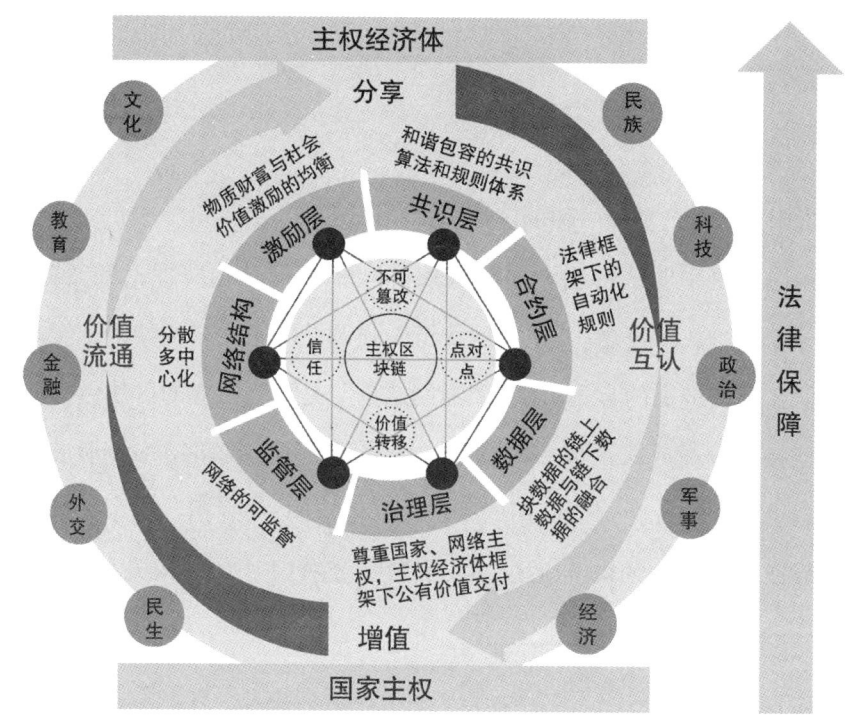

图6-2 主权区块链框架

资料来源：《贵阳区块链发展和应用》白皮书

同时，白皮书也指出，主权区块链与其他区块链一样，具有点对点、不可篡改、可信任和价值转移的特点。但不同的是，在治理层面，它强调网络空间中的命运共同体间尊重网络主权和国家主权，在主权经济体框架下进行公有价值交付，而不是超主权或无主权的价值交付；在监管层面，它强调网络与账户的可监管，技术上提供监管节点的控制和干预能力，而不是无监管；在网络结构上，它强调网络的分散多中心化，技术上提供网络主权下各节点的身份认证和账户管理能力，而不是绝对的去中心化或形成"超级中心"；在共识层面，它强调和谐包容的共识算法和规则体系，形成各节点意愿与要求的最大公约数，技术上提供对多种共识算法的整合能力，而不是单纯强调效率优先的共识算法和规则体系；在激励层面，它提供基于网络主权的价值度量衡，实现物质财富激励与社会价值激励的均衡，而不是单纯强调物质财富激励；在合约层面，它强调智能合约是在主权经济体法律框架下的自动化规则生成机制，而不是"代码即法律"，技术上提供可监管、可审计的合约形式化规范；在数据层面，它强调基于块数据的链上数据与链下数据的融合，而不是限于链上数据；在应用层面，它强调经济社会各个领域的广泛应用，基于共识机制的多领域应用的集成和融合，而不是限于金融应用领域。在主权区块链上的价值认定与流通最终将通过法定数字货币得以实现（见表6-1）。

从白皮书的表述中，可以明确感受到贵阳政府吸取了中国互联网金融发展的教训，监管立场鲜明，强调法律地位，在新技术面前，极力鼓励但不任意放纵，为区块链发展确立了硬底线和准则。实际上，在国际范围内众多业内人士也认可并积极同监管层进行合作。区块链的去中心特质，并不代表自由主义，在现实应用中，弱中心或分散的多中心可能是最具备操作性的发展之路。涉及敏感应用领域，尤其是金融应用场景，全世界范围内的监管都是高标准严要求的。而贵阳，也是中国首个提出将区块链应用于互联网金融监管的地方政府。

表6-1　　　　　　　主权区块链与其他区块链的比较

	主权区块链	其他区块链
治理	网络空间命运共同体尊重网络主权和国家主权，在主权经济体框架下进行公有价值交付	无主权或超主权，网络社群共同认同的价值交付
监管	可监管	无监管
网络	分散多中心化	去中心化
共识	和谐包容的共识算法和规则体系	效率优先的共识算法和法则体系
合约	法律框架下的自动化规则	"代码即法律"为准则
激励	物质财富激励与社会价值激励的均衡	物质财富激励为主
数据	基于块数据的链上数据与链下数据的融合	限于链上数据
应用	经济社会各个领域的融合应用	金融应用为主

资料来源：《贵阳区块链发展和应用》白皮书

"绳网结构"理论

白皮书对"绳网结构"理论进行了形象阐述，指出区块链是一个个区块按照时间戳顺序形成的链，像是一段"绳"，它把一串串数字和价值交付紧密耦合在一起，记录了某个社群内数字资产的所有交易历史（见图6-3）。

由于区块链技术应用的目的、社群范围和应用领域不同，也就形成了主权区块链框架下的不同区块链应用。推进区块链之间彼此连接，实现链与链之间的数据流通、业务交互和价值交付，将会是区块链技术发展的一个重要里程碑。不同区块链彼此相互连接就将"绳"织成一个"网"。它不同于单一的公有链，因为在每个相对独立的区块链中的授权都是被保护的，但它们又能彼此相互连接，承载更广泛的各类价值应用，形成跨区域、跨场景、跨部门应用的相互链接，形成一个区块链的立体空间。

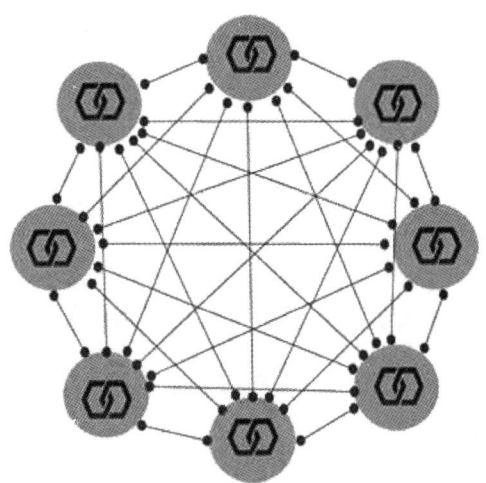

图 6-3 "绳网结构"理论

资料来源:《贵阳区块链发展和应用》白皮书

如果像很多专家预言的那样,区块链是未来互联网经济的基础设施,那么,万物将在区块链上进行互联,数据分享共用会遍布人类生活的各个方面,人类社会整体亦会形成一个"绳网结构",数据信息产生数字资产,网络虚拟世界将在链上还原真实世界,并驱动真实世界交互和发展。

块数据与"绳网结构"融合创新

块数据是以一个物理空间或行政区域形成的涉及人、事、物的各类数据的总和。开放、共享、连接是块数据形成的基本机制,数据在一个个"块"内形成开放、共享,再把一个个块数据连接起来,就会产生更大的块数据网状结构。

某个区块链上记录了在某个场景中关键价值交付的历史数据,通过"绳网结构",一个个区块链交织形成一个价值交付网络,记录了全网价值交付的所有历史数据，构建了立体的价值结构。这些数据是一个块数据空间中最可信任的历史痕迹，也将是整个网络空间中持续留存的不可篡改的数据。

根据白皮书的阐述，块数据是建立"绳网结构"的基础，它为区块链应用提供了丰富的数据，并结合块数据的激活和应用，凝聚立体智慧；"绳网结构"则在块数据后面形成了一个跨企业、跨组织、跨个体间从事经济社会各种活动的信任体系，从而建立了价值互联网，产生网络效益和更大的价值。

块数据和"绳网结构"是分别从大数据的视角和区块链的视角对网络空间的理论建模，它们之间既相互区别，又紧密联系，共同描绘一个完整的网络空间。

"扁担"模型（TAF 模型）

区块链"扁担"模型是关于区块链技术（T）、区块链应用（A）和数字金融（F）的结构关系的模型，也称为 TAF 模型。区块链技术演进和数字金融应用是当前区块链发展的两大热点领域，好比是两个"货担"，单纯靠区块链技术演进和数字金融而缺乏各种应用场景，无法构建起区块链发展的生存空间和生态体系，好比是缺乏挑货的"扁担"。只有区块链在经济社会的全方位应用才能促进其自身技术的更快发展和数字金融的更广泛应用，推动建立价值互联网和秩序互联网。

未来，区块链的政用、民用和商用场景是搭建起区块链技术和数字金融发展的关键支撑，是拉动区块链技术发展和推进数字金融发展的核心力量，是发挥区块链经济社会价值的重点环节。

TAF 模型，充分体现了贵阳政府在发展区块链方面的实战精神，既注重理论和战略高度，又重抓应用创新。在下一节中，将重点阐述贵阳区块链应用实践部署。

第三节　贵阳区块链实践

根据 TAF 模型，贵阳区块链是以实际应用来推动技术发展的。目前在全世界范围内，区块链主要应用于金融、医疗、数字版权、数字货币等领域，多数是以公司意志进行的应用实践。与此不同，贵阳区块链实践是在结合了技术特点和市场需求后，由政府主导进行的产业规划，因此除强调商务经济方面的应用外，还特别注重区块链对政府职能和民生促进的优化作用。这种布局，可能在未来 3~5 年，体现出贵阳独特的公共事业区块链服务优势。

另外，在区块链应用支撑方面，贵阳表现出了体系化、完备化、配套化的特征，从发展环境和资源支持方面，确实处于全国领先地位。

区块链三大应用场景

贵阳政府从三大方面规划了区块链产业，分别为：

场景一：政府应用。

可应用于政府数据共享开放、数据铁笼监管、互联网金融监管。例如，应用于政府数据共享开放。目前，政府数据共享开放尚存在两个突出问题：一是对数据共享开放的监管弱；二是数据关联风险大。设计基于主权区块链的政府数据共享开放网络模型，可打造可信的政府数据共享开放平台。政府数据共享开放区块链应用有助于构建一个合理、合法、公开、公正的数据共享开放平台，能为政府提供可信、可靠、可执行的数据共享开放监管措施，为拥有、使用、传播政府数据保驾护航，助力产业发展、维护社会稳定，进而为国家层面数据资源共享开放积累经验。

场景二：民生应用。

可应用于精准扶贫、个人数据服务中心、个人医疗健康数据以及智慧出行。例如，精准扶贫区块链应用。进入"十三五"时期，扶贫工作重心向全面提高城乡低收入困难群体的收入和生活保障水平的新阶段转变，但仍面临一些困难，利用区块链、大数据和指纹识别加强精准扶贫的全生命周期管理，建立区块链扶贫诚信积分系统，实现扶贫工作的全流程精准管理，解决到村到户"最后一米"的问题，防止弄虚作假、徇私舞弊，保证扶贫资金安全可控，从上而下贯彻扶贫政策、精准识别、科学帮扶、有效退出，提高扶贫攻坚监管水平，激励社会各方积极参与，助力实现精准扶贫高效、透明和公正。

场景三：商务应用。

可应用于票据、小微企业信用认证、数据交易与数据资产流通、供应链管理和供应链金融以及货运物流。例如，票据区块链应用。票据是企业融资和银行提高资产流动性、规避风险的重要途径，市场呈现快速发展态势，但票据市场也存在诸多问题，建立票据区块链平台，连接企业、银行、投资方和监管方，提升票据市场应用安全性和可追溯性，建立互信，降低交易成本，提升风险管控能力和监管能力，实现传统票据市场向数据票据市场的跨越式发展。

贵阳区块链的应用总体上分为三个阶段。在第一阶段，互联网金融监管、票据交易、政府数据共享开放、数据铁笼监管、精准扶贫、小微企业信用认证为主要应用领域，涉及贵阳市大数据委、贵阳市金融办、贵阳市发改委、综保区等8个政府部门；在第二阶段，将新增贵阳市财政局、贵阳市税务局、贵阳市工信部、贵阳市教育局等6个部门；在第三阶段，实现区块链应用和国家数字货币体系对接。

此外，白皮书结合贵阳的大数据实践，还提出了以下几个重点突破方向：一是区块链+数据共享开放；二是区块链+个人数据保护；三是区块链+数据安全监管；四是区块链+分布式数据存储。

区块链应用支撑体系

为确保区块链在贵阳的顺利发展，政府构建了六大配套支撑体系：

第一，平台支撑体系：构建政策创新平台；打造产业聚集平台；强化基础支撑平台。

第二，政策支撑体系：探索地方立法；制定标准规范；创新政策机智；编制指标体系和发展指数。

第三，金融支撑体系：发展政府引导基金撬动作用；创新融资模式；支持优质企业上市发展；积极开展科技保险；建立符合科技创新规律的财政投入体系。

第四，人才支撑体系：加强人才引进；加强人才培养；支持人才创业创新。

第五，"双创"支撑体系：打造创业创新基地；兴建区块链应用孵化器；加强技术创新能力建设；完善区块链创业公共服务。

第六，宣传支撑体系：加强宣传指导；举办高层次会展。

在整体支撑体系中，人才是硬储备，在吸引国内外前沿科技人才方面，整个贵州近年来积极推进"百千万人才引进"、"黔归人才"等引才计划，通过连续举办的人才博览会、赴省外知名高校开展的人才专项引聘活动、"数博会"等引才平台招才引智。据公开数据显示，"十二五"期间，全职引进高层次人才 3300 人，其中引进国家"千人计划"专家 8 人，引进并评选省级"百人领军人才" 34 人，"千人创新创业人才" 57 人，引进博士 2500 人，占现有博士总数的 60%。

李克强总理点赞的一家贵州企业——贵阳"货车帮"，其创始人戴文建就是看到了贵州创新创业的人才政策和环境，带着团队把总部设在了贵阳。在众筹界闻名的众筹金融交易所，更是贵阳领导亲赴北京敲定的操盘团队。贵阳大数据交易所执行总裁王叁寿等，亦是"北漂"变"贵漂"的代表人物。阿里巴巴集团 2015 年发布的全国首份基于互联网大数据的《大学生就业流向报告》显示，在全国大学毕业生流入地排名中，贵州位居第七，初步实现了贵州省委、省政府确定的"人才集聚高地"目标。

为加强区块链的智识人才建设，2017 年 3 月底，贵阳成立了贵阳区块链应用技术学院。学院主要依托国内外著名高校，同时联合省内学校，按照产教一体的模式培养人才。在高层次人才培养方面，学院与国内外著名高校联合培养区块链硕士、博士研究生等高端技术人才，适时推动中外合作人才培养项目。鼓励有实力的企业创办"企业大学"，建设区块链人才实训基地，加快区块链系统架构师、开发工程师、测试工程师等实用性区块链技术人才的培养。

同时，贵阳市政府还特别注重对现有人才和区块链前沿企业的引进，2017 年 4 月 5 日至 4 月 6 日，贵阳市政府相关人员及贵阳高新区政府相关人员一行在北京先后考察了赛智区块链、梅泰诺通信、信和云等知名区块链区域领头企业，后续还会陆续对太一云科技、华麒通信、中关村区块链联盟、中国电信北京研究院等企业和单位进行考察和交流。

在考察过程中，贵阳市政府强调贵阳高新区正处于打造贵州内陆开放型经济试验区和建设国家大数据综合试验区高速期，区块链人才紧缺，特别表达了对这些高新企业的欢迎，以期从高起点上促进贵阳区块链领域人才培养和产业构建。

"监管沙盒"模式

需要强调的是，贵阳在区块链领域的首次全国媒体发声时，就提到了进行区块链相关立法探讨，这也体现了其应用"主权区块链"理论的一贯思路。尤其是在比特币等数字货币成为游离法外的"自由货币"和各种数字代币诈骗盛行背景之下，加强监管和敦促立法，将成为行业健康发展的有力保障。

最近，国际流行的"沙盒模式"，也将被引入贵阳。

"监管沙盒"主要是指监管部门在其金融创新中心设立的，旨在为金融机构创新提供一个安全空间的整套监管机制。在这个空间里，通过支持破坏性创新来提升竞争能力，同时又不至于因创新遭受过高的损失，让企业提供给消费者更好的服务结果，使得政府机构能够在新产品和服务进入大众市场之前，制定保障措施保护消费者利益，做到金融科技创新先行先试、风险可控。

近几年，随着英国创新设立"监管沙盒"项目，制定监管沙箱制度等后，新加坡、澳大利亚、中国香港等地的金融监管部门均不同程度地认可并采纳。一是新加坡金融管理局推出了"沙盒"机制，允许让沙盒中注册的科技金融公司在事先报备的情况下，免责从事和目前法律法规有所冲突的业务。二是澳大利亚联邦政府将批准成立"监管沙盒"，使处于试验阶段的金融科技公司也能够应对监管风险，从而降低上市的成本和时间。三是中国香港特别行政区政府宣布建立"沙盒"监管系统，支持银行业金融科技的发展；北京市政府将对互联网金融进行"监管沙盒"模式试验，着力于解决互联网金融安全问题，预示着中国也将踏上金融科技"监管沙盒"之路。

据悉，贵阳对金融科技领域采用"监管沙盒"的总体建设思路是，建设金融沙盒基地，创立由被动变主动的监管模式，引导创新型企业沙盒测试，构建沙盒使用的标准并建立授权及豁免机制。而重点监管领域为：数字资产 ICO 市场、区块链数字货币（Coin）及代币（Token）发行领域、区块链数字资产交易领域、区块链技术的跨境支付结算领域和基于区块链技术的数字化资产管理领域。

从以上的监管沙盒重点布局来看，数字资产的相关领域是重中之重，这里是目前市场运营灰色敏感地带，同时也是违法多发领域。

Chapter 7

区块链在全球

第一节 区块链全球趋势

很显然，目前区块链不仅在中国作为一种热点存在，在全球范围内，从政府部门到商业机构，区块链都被看成是一种极富挑战性的未来技术，世界顶尖机构伴随着雄厚资金涌入这一领域，成为 Fintech 在全球发展的代表者。

区块链全球趋势[①]

2017 年 3 月 6 日，世界闻名的独立智库 CB Insights 发布一份名为《比特币和区块链发展趋势》(*CB Insights*：*TRENDS IN BITCOIN & BLOCKCHAIN*)的报告，为全球关注该行业的人们提供了非常珍贵的总揽式分析，此处也将大量引用该报告的内容，借此概览全球比特币和区块链行业创投动向。

首先，从各国的区块链发展状态来看，美国在全球仍旧遥遥领先，整个亚洲地区动能强劲，中国位列全球第四。

从 2012 年到 2017 年 2 月 14 日，来自 43 个国家的比特币和区块链公司共获得了 15.5 亿美元的投资。在投资交易数量和投资规模方面，美国都

---

① 参考资料：*CB Insights*：*TRENDS IN BITCOIN & BLOCKCHAIN*。部分资料翻译内容，参考自鸵鸟电台发布的翻译文章：《全球化账簿：比特币和区块链融资创投分析》。

处于绝对优势地位,自 2012 年以来,美国比特币和区块链初创公司共获得了大约 270 笔投资交易,融资金额达到了 10 亿美元,占比为 55%。

而在同一时期里,其他国家的比特币和区块链投资交易量占比分别如下:英国为 6%,新加坡为 3%,中国、日本和韩国分别占比 2%;剩下的 29% 投资交易量则分散在了其他 37 个国家。

不过,投资金额也呈现了不同情况,在获得融资金额数据上,英国跌落到第四位,落后于荷兰和日本。从 2012 年开始,荷兰比特币公司 BitFury Group 获得了 9000 万美元融资,日本数字货币交易平台 BitFlyer 获得了 3600 万美元融资,这两家公司也是美国市场之外获得融资最多的比特币和区块链初创公司。

此外,如果在细分美国和英国获得融资的比特币和区块链初创公司,我们会发现,在美国,投资人把绝大多数资金投入到了资本市场和金融服务应用的比特币和区块链技术公司上;而在英国,投资人似乎更青睐数字货币钱包和跨境汇款服务的公司。另一个值得注意的现象是,美国比特币和区块链公司获得的融资金额是英国的 21 倍,可谓遥遥领先!

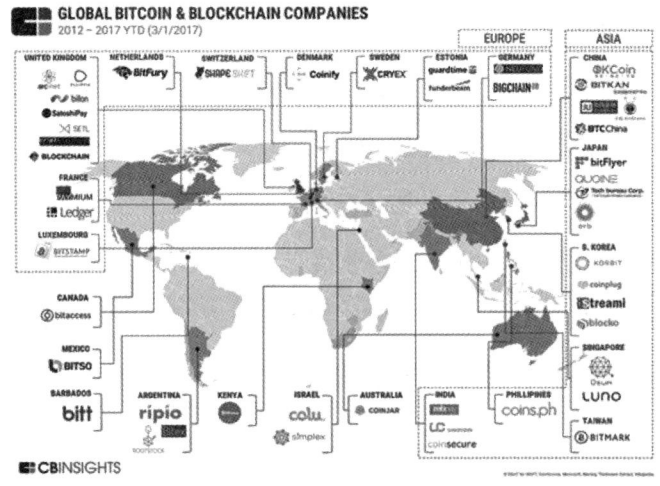

图 7-1 比特币 / 区块链初创公司的"全球版图"

资料来源:CB Insights,*TRENDS IN BITCOIN & BLOCKCHAIN*

BITCOIN & BLOCKCHAIN TOP 10 DEALS IN 2016

Company	Round	Country	Select Investors
CIRCLE	$60M (Series D // Q2'16)	USA	Baidu, Wanxiang Holdings, CreditEase, General Catalyst Partners, IDG Capital Partners
Digital Asset	$60M (Series A // Q1'16)	USA	Santander InnoVentures, DTCC, JP Morgan Chase, IBM, BNP Paribas, Goldman Sachs
ripple	$55M (Series B // Q3'16)	USA	Standard Chartered, Google Ventures, Blockchain Capital, SBI Group, Andreessen Horowitz
Blockstream	$55M (Series A // Q1'16)	USA	FuturePerfect Ventures, Khosla Ventures, Blockchain Capital, Digital Currency Group
bitFlyer	$27M (Series C // Q2'16)	Japan	SBI Investment, Venture Labo
JU 聚鑫金融	$23M (Series A // Q3'16)	China	Wanxiang Holdings, Fenbushi Capital
QUOINE	$20M (Series A // Q2'16)	Japan	JAFCO Co.
AXONI	$18M (Series A // Q4'16)	USA	Goldman Sachs, Thomson Reuters, Andreessen Horowitz, F-Prime Capital
bitt	$16M (Series A // Q2'16)	Barbados	Overstock.com
coinbase	$11M (Series C // Q3'16)	USA	Mitsubishi UFJ Capital, Sozo Ventures

图 7-2　比特币/区块链全球十大交易

资料来源：CB Insights，*TRENDS IN BITCOIN & BLOCKCHAIN*

BITCOIN & BLOCKCHAIN TOP 10 MOST WELL-FUNDED STARTUPS

Company	Total Disclosed Funding	Country	Select Investors
CIRCLE	$136M	USA	Accel Partners, Baidu, Goldman Sachs, General Catalyst, IDG Capital Partners, Pantera Capital
coinbase	$117M	USA	Andreessen Horowitz, DFJ Growth Fund, Union Square Ventures, NYSE Euronext, Y Combinator
21 Inc.	$116M	USA	Cisco Investments, Khosla Ventures, Qualcomm Ventures, RRE Ventures, Andreessen Horowitz
ripple	$94M	USA	Accenture, Google Ventures, Lightspeed Venture Partners, Santander InnoVentures, SBI Group
BitFury	$90M	Netherlands	Binary Capital, QueensBridge Venture Partners, China Credit Limited Holdings, Blockchain Capital
Blockstream	$76M	USA	AXA Strategic Ventures, Blockchain Capital, Digital Currency Group, Khosla Ventures
Digital Asset	$67M	USA	BNP Paribas Private Equity, Citigroup, JP Morgan Chase, PNC Financial Services, DTCC
Chain	$44M	USA	500 Startups, Capital One Growth Ventures, Citi Ventures, NASDAQ, RRE Ventures, Thrive Capital
xapo	$40M	USA	Benchmark, Emergence Capital Partners, Greylock Partners, Index Ventures, Digital Currency Group
veem (Formerly Align Commerce)	$37M	USA	Google Ventures, Kleiner Perkins Caufield & Byers, SVB Capital Partners, NAP Ventures

图 7-3　比特币/区块链企业全球十大融资

资料来源：CB Insights，*TRENDS IN BITCOIN & BLOCKCHAIN*

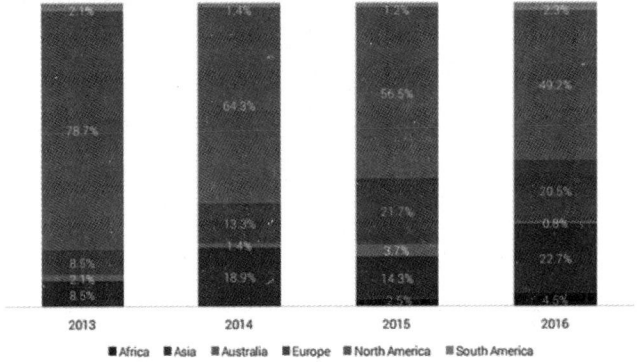

图 7-4 比特币和区块链年度交易份额

资料来源：CB Insights，*TRENDS IN BITCOIN & BLOCKCHAIN*

总体来看，美国依然是 Fintech 发展的核心区域，整个亚洲市场呈现繁荣状态，亚洲交易份额从 2015 年的 14% 上升到 2016 年的 23%。其他势力也纷纷加入这个新轨道，且中国力量已经崛起。

英国：正如前文提到的，英国是除美国之外，比特币/区块链公司获得融资最多的国家，其中获得最多融资的英国比特币初创公司是数字货币钱包和资金服务平台——Blockchain，该公司获得了 3050 万 A 轮融资，投资方为"美国光速"公司和维珍航空创始人理查德·布兰森爵士；另一个引起媒体关注的英国比特币/区块链公司是 SETL，"四大"之一的德勤对这家伦敦区块链初创公司进行了"低调"投资。

新加坡：自 2012 年起，共有 16 家新加坡比特币和区块链公司获得了投资。2015 年，数字货币交易平台 Luno（前身为 BitX）获得了新加坡国内比特币行业最大的一笔投资——400 万美元 A 轮融资，投资方包括 Digital Currency Group 和 Naspers。

荷兰：Bitfury Group 是一家专门从事数字货币挖矿和企业区块链服务的

荷兰公司，就在 2017 年年初，该公司获得了中国信贷科技控股有限公司 3000 万美元的 C 轮融资。2014 年，该公司曾募集到一笔 9000 万美元的 A 轮融资，成为荷兰国内获得融资最多的比特币和区块链初创公司。

日本：2016 年，日本共发生了三轮比特币和区块链投资交易，融资总金额达到 5400 万美元，其中数字货币交易平台 BitFlyer 一家所获得的融资金额就占到了一半，该公司在 2016 年获得了一笔 2700 万美元的 C 轮融资，投资方包括日本金融服务巨头 SBI Group 和日本本土风投 Venture Labo。

中国：2016 年，中国比特币和区块链初创公司获得了极大的推动力。相比于 2015 年仅有比特币交易平台币看网获得了一笔风险投资，2016 年中国的比特币和区块链行业的投资交易明显增多。在 2016 年年底，资本市场及金融服务公司矩阵金融获得了 2300 万美元 A 轮融资，中国区块链风投分布式资本参投。获得融资第二多的，是来自上海的小蚁区块链（Antshares Blockchain），他们获得了 450 万美元的投资，小蚁区块链致力于将实体世界的资产和权益进行数字化，通过点对点网络进行登记发行、转让交易、清算交割等金融业务的去中心化网络协议，并构建开源区块链协议。

区块链全球发展三阶段

根据区块链研究所（Institute for Blockchain Studies）创始人梅兰妮·斯万（Melanie Swan）的观点[1]，目前由区块链技术带来的和将有的革新主要分为三类：区块链 1.0、区块链 2.0、区块链 3.0。

区块链 1.0 对应的是数字货币。这方面的应用与现金有关，包含货币

---

[1] 资料来源：和讯网，《区块链：风乍起惊动全球金融市场》，2017 年 1 月 5 日。

转移、汇兑和支付系统等，最有代表性的就是比特币。以比特币为代表的数字货币已经在欧美国家获得相当程度的市场认可，数字货币与法定货币之间交换的交易平台也应运而生。

比特币网络的崛起也使各个国家发行数字货币成为一种国际趋势。2015年厄瓜多尔率先推出国家数字货币，在减少发行成本的同时也增加了便利；突尼斯也发行了数字货币，数字货币除了买卖商品，还能缴付水电费等，十分便于管理。瑞典、俄罗斯等国也在积极筹备发行数字货币的计划。

区块链 2.0 是指区块链技术在其他金融领域的应用。比如跨境支付与结算、票据流通、股权登记和转让等供应链金融。

当前的跨境交易需要依赖可信任的第三方中介，第三方的介入也导致了跨境支付结算时间长、费用高、过程烦琐。而区块链技术可以抛弃第三方角色介入，通过全网信用实现点对点的透明交易。这样不但降低了操作成本和费用，而且提高了跨境汇款的安全性，加快了交易速度。根据麦肯锡的测算，从全球范围看，区块链技术在 B2B 跨境支付与结算业务中的应用，将使每笔交易成本从约 26 美元下降到 15 美元，其中减少的约 8 美元为中转银行费用，美元为外汇汇兑成本、合规及运营成本。

区块链 3.0 是指区块链在金融行业之外领域的应用，包括医疗、物流等各个领域。据此实现信息的自证明，通过解决信任的问题提高整个系统的运作效率。

正在兴起的公信系统公证通（factom），正是利用区块链技术革新了商业社会和政府部门的数据管理和记录方式。该公司于 2016 年 11 月底公布其收到了比尔·盖茨基金会的资助，该公司致力于通过生物特征识别来记录全球各地的医疗记录，"创造区块链来记录可以使记录访问变得更加经济，也可以保护记录免遭损失或操纵"。

第二节　区块链全球"课代表"

持冷淡态度的人，会用区块链匮乏的成功应用来质疑区块链所谓的未来黑科技地位。确实如此，虽然在2016年，区块链在支付、医疗、数字版权、证券交易、票据金融、小额信贷、商品供应链等各个领域都有不断刷新的应用案例，但比较具备规模并经历了时间考验的区块链应用案例，仍旧是以比特币为代表的数字货币及其延展使用平台。

但同时人们无法否认，比特币在极大程度上改观了各国政府对数字货币的观感，促进了数字货币作为法币在世界各国的发展进程。这意味着，数字资产时代应声来临。

数字货币启发者：比特币

2016年是比特币扬眉吐气的一年。回首2016年，比特币价格已从年初约2800元上涨至超过6800元，涨幅超100%，创三年来新高，毫无疑问是2016年最具价值的投资品之一。而且，全球经济和政治的不确定性及"黑天鹅"事件频出，使得比特币在一定程度上成为类似黄金的避险资产。

2016年6月24日，英国脱欧公投结果揭晓，超过半数民众支持脱离欧盟，英国首相卡梅伦也宣布辞职。英镑跳水，比特币价格应声上涨，涨幅近 20%，价格稳定在 4300 元上下。

2016 年 11 月 9 日，随着美国大选选票统计结果不断出炉，多种资产创下英国脱欧以来的最大振幅，而比特币毫无意外地大幅上涨，接近人民币 5000 元。原因是市场普遍认为，围绕特朗普政策提案的不确定性将推动避险资产的价格（见图 7-5）。

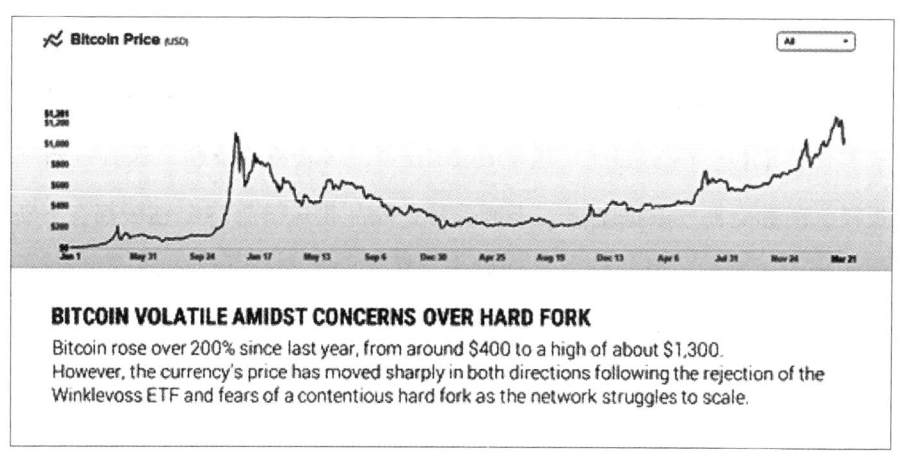

图 7-5　比特币价格

资料来源：CB Insights，*TRENDS IN BITCOIN & BLOCKCHAIN*

在中国，人民币的不断贬值和外汇管制给比特币带来了强大的市场需求，比特币价格也呈现水涨船高态势，致使央行和相关监管部门在 2017 年发起了对比特币的又一轮监管核查，防止国内资本通过比特币交易外流。

或许是受到比特币的启发及压力，各国政府积极探索数字货币。例如瑞典，其央行表示自己正面临着国内纸币现金使用率下降的压力，因此正考虑着手发行数字货币。新加坡央行则宣布了一项数字货币计划，汇丰银行、美国银行、摩根大通等机构都将参与其中。加拿大央行对外宣布进行数字货币试验，荷兰央行也在测试自己的 DNBcoin，英国央行则委托伦敦大学学院设计一套数字货币 RSCoin 并进行试验，期望通过央行发行的数字货币来提高整体金融体系的安全性与效率。对比来说，中国对于数字货币的发行，态度亦非常积极。

据媒体公开信息，早在 2014 年，央行便成立了研究团队，2016 年正式对外宣布将发行数字货币。在 2017 年央行科技工作会议上，央行数字货币研究所筹备组相关人士表示：央行发行数字货币的目的是替代实物现金，降低传统纸币发行、流通的成本，提升经济交易活动的便利性和透明度，至于何时能推出中国的法定数字货币，现在并没有一个时间表，但央行发行法定数字货币的原型方案已完成两轮修订。

世界经济论坛的一份报告中称，90% 多的央行都在讨论应用区块链，而近日 G20 insights 官方论坛发布了一份报告，其中提到 Blockchain 是实现全球包容、透明数字经济的关键，报告作者提出了 G20 创建一个"央行区块链联盟"的可行性假设，旨在研究基于区块链的国家法定货币。

数字货币已然成为一种既定趋势，因此作为数字货币发展的重要参考标的比特币，也从监管灰色地带逐步被明确，各国监管机构的态度已经发生了明确的改变，尤其在 2016 年：

日本：2016 年 3 月，日本金融厅将数字货币定义为商品；5 月，日本首次批准数字货币监管法案，并定义比特币为财产。

韩国：金融监管机构成立了数字货币工作小组，专注于比特币交易所的监管。

新加坡：2016 年 8 月，新加坡中央银行针对其国内的支付供应商提出了新的监管措施。

澳大利亚：澳大利亚税务局（ATO）定义比特币为"无形资产"而不是货币；2016年11月，澳大利亚政府发布数字货币指导白皮书。

北美：在美国，2017年监管更加严格。此前，奥巴马政府要求美国国税局（IRS）对数字货币领域进行双重征税；知名数字货币交易所Coinbase被要求提交用户信息。加拿大政府积极推动比特币立法。

欧洲：俄罗斯放弃实施比特币禁令。英国的全球顾问比特币投资基金（GABI）最近已获准在海峡群岛证券交易所上市。同属英国领地的直布罗陀发行首个比特币交易所交易工具——ETI，这是欧洲首个受监管的比特币工具，目前在直布罗陀和德国证券交易所同时上线。

后来者是否居上：以太坊

由比特币延伸出来的数字货币及其应用平台"以太坊"，正在扮演重要的后来者角色。

2017年3月份以来，以太币（ETH）价格已经创下历史新高，从24美元上涨到大约40美元。根据Coinmarketcap的数据显示，以太币目前的市值已经超过36亿美元，是继比特币之后全球第二大区块链资产，目前其总市值已经占比特币（市值已经过200亿美元）整体市值的18%（见图7-6）。

以太币价格大涨的背景是美国证监会（SEC）拒绝比特币ETF（比特币交易基金）的上市请求，消息公布后，比特币大跌，同时很多数字货币持有者开始转向购买以太币。这在某种意义上说明，投资者将以太币看作比特币的有效竞争者以及对冲资产。

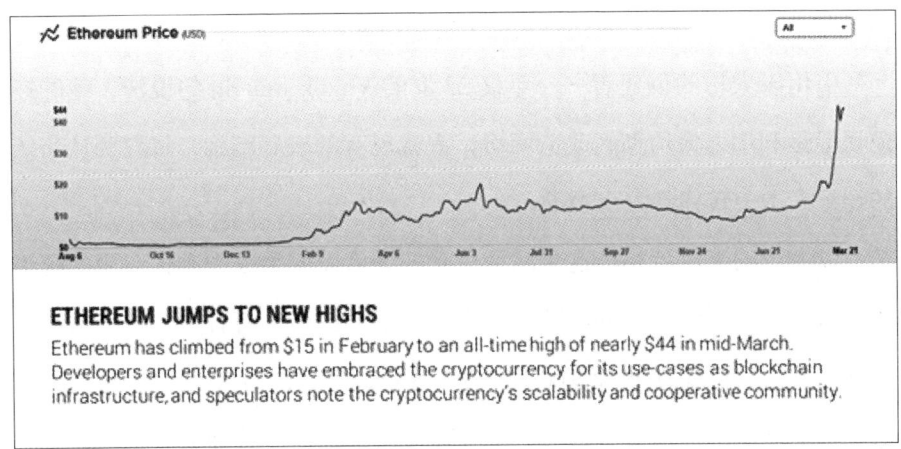

图 7-6　以太币价格

资料来源：CB Insights，*TRENDS IN BITCOIN & BLOCKCHAIN*

然而公正地说，以太坊及其以太币的价值，事实上远远超过了比特币及数以百计的投机数字货币，在以太坊平台之上不仅生成了自己的数字货币以太币，而且大大扩展了区块链的应用。可以说，以太坊是一个平台，上面提供各种模块让用户来搭建应用，如果将搭建应用比作造房子，那么以太坊就提供了墙面、屋顶、地板等模块，用户只需像搭积木一样把房子搭起来，因此在以太坊上建立应用的成本得以降低，速度得以提高。

智能合约，则是以太坊的核心。合约所能提供的业务几乎是无穷无尽的，它的边界就是人类的想象力，因为图灵完备的语言为以太坊提供了完整的自由度，让用户搭建各种应用，并力求使用全球去中心化且无所有权的数字技术计算机来执行点对点合约。简单来说，以太坊就是一个你无法关闭的世界计算机。如果说比特币网络事实上是一套分布式的数据库，那么以太坊则更进一步，我们可以把它可以看作是一台分布式的计算机：区块链是计算机的只读内存（ROM），合约是程序，而以太坊的矿工们则负责计算，担任中央处理器（CPU）的角色。所以，这是一个使用更加普遍的平台，一个可以在上面创建任何金融衍生品的平台。[①]

引用以太坊的创建者——年仅 22 岁的 Vitalik Buterin 的说法，他的终极目标是利用以太坊彻底改造网络，重置现有的权利结构，将权利从传统的经纪人手中转移到大众手里。

以太坊的支持者相信这个网络总有一天可以成为去中心化应用的统治者，这种应用可能是一种没有审查制度的社会网络，或者是一种公共叫车服务，或是众包预测市场和投资公司，甚至是政府机构。

对于未来的构想是宏大的，不过在事实上，以太坊确实被越来越多的企业接受，并认为是一个很好的区块链应用平台，财富 500 强企业已经开始进行相关技术试验。2016 年，三星和国际商用机器公司（IBM）创立了一个项目，在以太坊的网络上对联网的设备（比如洗碗机、电灯）进行协同控制。2017 年年初，包括美国国富银行、巴克莱银行、瑞银、瑞士信贷和汇丰等 11 家银行使用以太坊技术运行一个金融服务试点项目。微软和德勤也在以太坊网络上推进他们的实验项目。据媒体报道，中国宜信也在这方面小试牛刀。

以太坊另一个值得瞩目的创新是 ICO。对比硅谷和全球范围内的区块链创业项目或公司，以太坊在融资方面显示了特立独行的一面，其创始和发展资金并非来源于专业的基金风投，而是采用了众筹方式，并且在其体系内以众筹以太币组成了一支类似风险投资基金的存在——DAO，用来进行投资。

尽管 DAO 在日后的发展中遭遇黑客袭击，给平台的发展造成了重挫，但却在全球范围内启发了这种新型的代币募资方式——ICO。早期的 ETH、

[①] 参考资料：MBI 智库百科。

ICO 几乎让参与者们获得了 10 倍以上的回报，然而也正是由于这种激进的收益，使得 ICO 在监管匮乏的环境中肆意生长，损伤了这种模式的公信力。从 2016 年下半年开始，欧美的 ICO 项目由热转冷，这也包括中国少数项目出现了一些破发情况。但人们对这种模式的思考并没有停止，热情也没有减退。一些公信力更高、自律性更好的机构正在加入其中，像前述章节提到的贵阳众筹金融交易所正是如此。

总之，相比比特币的安全性，以太坊则拥有无可比拟的灵活性。以太坊的 Hexayurt 项目经理说："单独的货币本身不会使你拥有创造新的社会结构的能力，但是一旦加入了智能合约，你就获得了重新组织世界的能力，那时的工作将会变得十分有趣。"

第三节 环球区块链

可能历史上没有一种技术被世界各国经济实体和政府倾注如此巨大的热情。在众多醍醐灌顶般的预言和重量级资金席卷之下，各种资源和声音裹挟其中，翻滚出美丽的浪花。

在现阶段，任何关于区块链的观点，可能都不是正确的观点。

我们唯一能确定的就是，大家都在争先恐后。

区块链的趣事

不管在欧洲、美国还是中国，区块链都处于一个有趣的发展区间，这被来自欧洲的专业区块链投资人 Jamie Burke 趣称为"REALITY IS A BITCH"阶段。而且，这个"扯淡曲线"与 Gartner 公司发布的"技术发展周期趋势"模型（留作下章论述）如出一辙，只不过"扯淡曲线"的各阶段名称更加"接地气"，而且 Burke 作为区块链领域投资人，认为 99% 的区块链公司活不过三年，换句话说，我们今天看到的世界区块链格局，可能在三年之后完全改变面貌和状态，真正的巨头可能还没有诞生。

即使如此，人们并不介意自己成为先锋或者"烈士"。截至 2016 年年底，《商业区块链》一书的作者威廉·穆贾雅通过 Google 得到了全球区块链相关"扎堆"数据：

1. 25 个全球区块链联盟。

2. 13 个联盟在金融服务行业，2 个联盟在医疗保健行业。

3. 10 个联盟在美国，3 个联盟在英国。

4. 有 22 个区块链联盟成立于 2016 年。

5. 其中有 4 个区块链联盟在制定某些方面的标准。

6. 各联盟成员的平均数：25。

7. 最大联盟的成员个数：100（超级账本和 ISITC）。

8. 参与机构总数：550 家。

而与此同时，区块链相关领域的专利也在不断增加[①]。

专利数量及质量是衡量一个国家及企业技术实力的重要指标，也是技术创新情况的指标。专利技术在技术发展及公司发展的初期及中期起到的作用非常关键。

在全球专利引擎 patentcloud 搜索 "blockchain"（区块链），相关专利数 218 个；在欧专局搜索 blockchain，相关专利数 40 个；在中国专利局搜索 blockchain，相关专利数达 88 个；在美国专利与商标局上搜索 "blockchain"，共有 60 项结果，当然真实数量远远超过这个数字。美国银行、高盛、纳斯达克、AT&T、Verizon、DAH、埃森哲等都在积极申请相关区块链专利。

这是一个有趣的现象，里面隐藏着某种意味深长的"贪婪"，例如高盛银行在申请这样一个专利："使用……的分布式账本来处理金融交易，以存

[①] 参考资料：微信公众号链金社：《中国区块链发展现状数据总览：各公司专利有多少？都在做什么？》。

储一份相关的资产账簿……"翻译过来就是使用区块链工具来结算交易。

而在2016年，有一个充满争议的人物澳大利亚人Craig Wright，自称是发明比特币的中本聪（他的声明受到了广泛的质疑），他也申请了众多专利，意图控制区块链。

作为一种技术，区块链的众多先锋极客们似乎怀着重组世界、重组社会权力的伟大梦想，而很多商业机构则试图通过专利申请坐收渔利，这与区块链本身开源、共享、自由的精神貌似相互冲突。理想主义与现实主义总会在冲突中互相得到妥协，到底未来前景如何呢？总之根据Tractica的预测，2016年全球区块链企业应用收入已达到25亿美元，到2025年全球区块链收入将增长至199亿美元①，确实是个令人垂涎的巨大市场（见图7-7）。

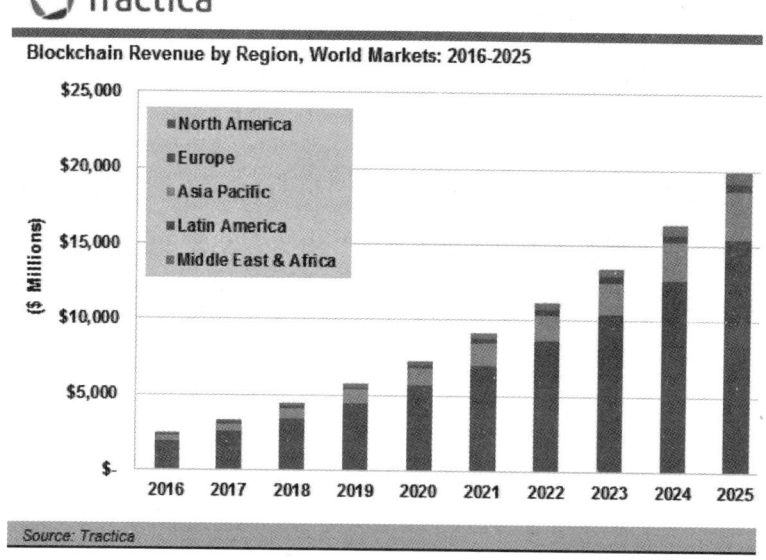

图7-7 全球区块链市场规模

资料来源：www.tractica.com

① 参考资料：*Blockchain for Enterprise Applications Market to Reach $19.9 Billion by 2025*。

政府驱动力

对于现实的商业者来讲，在区块链领域，他们很希望与政府监管机构尽早建立"亲密关系"，不得不说，这是非常明智的选择。

例如，全球最大的区块链联盟 R3 CEV 就宣布将继续扩大自己的成员规模，添加的新成员主要来自全球的监管机构。伊利诺伊州的金融与专业监管部门已经成为最新被授予免费会员的监管机构，之前来自加拿大、中国香港、新加坡和英国的监管机构都已经加入了该联盟。

对此，R3 公司首席执行官 David Rutter 宣布了更广泛的计划，旨在创建一个叫作"RegNet"的全球监管机构网络，他们的目标就是让监管机构从一开始就参与进来，从实验、试行和原型的设计开始。

相应地，各国政府，包括对应的监管机构在内，对区块链发展也表现出极大的热情，在全球范围内形成了一股独具特色的"政府驱动力"。

国际商用机器公司商业价值调查研究所在 2016 年与经济学人智库合作，针对 16 个国家的 200 个政府机构进行了调查，并推出了名为"Building Trustin Governments"的调查报告，指出全球 9 成的政府正在规划区块链投资，并将在 2018 年前进入实质投资阶段，同时各政府还预估，区块链将在金融交易、资产管理、合约管理及法规监管领域上产生莫大的效益[①]。

根据调查结果，全球有 14% 的政府组织是区块链实践的先行者，他们在区块链的应用上已经属于十分前端的采用者。这些国家大都分布在亚洲和西欧，反而北美地区的政府先行者则比较少。这种特性，同样体现在政府对于数字货币的态度上。

总之，各国政府对区块链表现出了极大的重视和热情：

---

① 参考资料：银行信息港：《脑洞大开：为什么全球 9 成的政府都要投资区块链？》。

美国：各州政府紧跟国际趋势

2016年7月：22名美国参议员致函美联储，要求对区块链进行指导。

2016年9月：美国众议院通过了一项要求，支持区块链技术的无约束力的决议。

2016年9月：美联储主席耶伦透露，美国央行正在研究区块链技术。

2017年1月：美国金融业监管局（FINRA）就区块链技术向公众征求意见，推动区块链应用。

欧盟（暂将英国归入其中）：英国投入史无前例

2016年：英国宣布建立一个针对金融科技的沙盒机制，新的系统要先放到沙盒机制里进行一两年的试验，如果对金融市场和社会福利有正贡献，那么监管部门则会修改其法律和规则，随后引起新加坡、澳大利亚、中国香港等地纷纷效仿。

2016年1月：英国政府科学办公室发布报告，呼吁加强对区块链技术的开发，英国政府将区块链测试纳入新数字化战略目标。

2016年8月：欧洲议会的一个成员提议花费110万美元用于区块链工作组。

2017年2月：英国政府监管机构金融行为监管局（FCA），批准伦敦当地的区块链初创公司Tramonex登记成立小型电子货币机构（EMI），允许其在国内有效发行基于区块链的货币。

2017年3月：德国央行负责人Weidmann在最近的G20会议演讲中将区块链描述为"一种多功能的工具"，并表示，德国将创建一个适宜金融科技初创公司发展的监管环境，承诺"不会阻碍金融创新"。

俄罗斯：在区块链利益中改变比特币和数字货币

2016年5月：将比特币和数字货币禁止作为"货币替代品"的法案在两年的审议后撤回。

2016年7月：俄罗斯财政部表示，他们正在考虑允许比特币在国外使用，同时仍然禁止其在国内使用，但随后，他们便减少了对比特币使用的处罚。

2017年3月：俄罗斯政府将用区块链改进P2P网贷国家支付系统。

中东：迪拜在区块链上领先

2016年5月：迪拜的全球区块链委员会（GBC），一个公共-私营区块链联盟，在工业界推出七个新的概念证明。

2016年6月：阿布扎比的独立监管机构开始探索如何为区块链初创公司创建监管沙箱。

2016年8月：迪拜发起了一个初创方案，重点投资和开发区块链初创公司。

2016年9月：迪拜通过区块链遏制全球血液钻石贸易。

2017年2月：迪拜政府正在与IBM一起测试区块链贸易金融，迪拜海关和迪拜政府电子贸易服务中心也在帮助进行测试。

亚洲：中央银行开始探索区块链

2016年6月：菲律宾中央银行表示，他们正在考虑如何监管数字货币兑换。

2016年7月：印度储备银行（RBI）推动银行开发数字货币和分布式

分类账的应用程序。

2016 年 8 月：日本银行公开表示其对区块链技术所带来收益感兴趣。

2017 年 2 月：中国央行数字货币进入试运行阶段。

过去区块链的应用与开发以金融领域最为兴盛，但现在这股风潮吹进了全球各国的政府机关里，IBM 的报告指出，超过一半的政府已经在区块链上投入了资源，并且希望在 2017 年就可以有相关的产品推出。这些先行政府投资最多也最看好的领域主要集中在：资产管理（Asset Management）、身份认证管理（Identity Management）和法规监管（Regulatory Compliance）。

Chapter 8
区块链争议

第一节　天生缺陷

争议是思想的最好触媒。

没有一种技术可以当得起"完美无缺"四个字。在这样的前提下，谈论区块链的缺点似乎变得轻松很多。同时，在当下区块链过热的环境中，正视这一技术的缺点和颂扬它的优点同样重要，任何被过度神化的存在，都无法持久。为此，很多人担心区块链会成为两年前的P2P，狂歌猛进之后一地鸡毛。现在大谈特谈区块链颠覆未来的那群人，很可能就是当初将P2P及互联网金融捧上神坛的人。

1931年，弗里德里希·施密特在奥地利的舍克尔山点燃了第一枚邮政火箭，并成功地将102封信发射到了圣拉德贡特。到1959年，美国邮政总长亚瑟·厄·萨莫尔菲尔德（Arthur E. Summerfield）提出以巡航导弹寄送邮件的想法，并声称："在人类登月之前，我们可以用巡航导弹将邮件从纽约寄送到加州、英国、印度、澳洲，几个小时就可以送达。我们站在导弹快递的前沿。"对此，博闻广见的高晓松在其广受欢迎的脱口秀节目《晓松奇谈》中，以讲述人间奇闻的方式来调侃和慨叹。

当初，人们同样认为，这是邮政史上的前沿创新，它将改变未来世界的通信方式，大大地缩短时间空间距离并提升效率。时至今日，人们的通信方式当然已经发生了颠覆性的变革，因为大家通过互联网实现任何时间、任何地点的 P2P 即时通讯，但谁还记得火箭邮政在 20 世纪曾经被人类给予的热望呢？

区块链的另一面

区块链的确带着一些相互矛盾的特性。从一方面看，是巨大的优点，几乎光芒万丈。而从另一方面看，又是不可忽视的缺陷，困扰着技术的现实应用。下面列举、说明区块链的一些问题。

问题一：天生庞大

很多人认为区块链是一种更加环保的技术，完全应用于计算机，成本低廉，甚至在未来可以解决全球变暖这一人类危机。

但事实上，人们不得不承认，区块链的共识机制使得这一技术并不像看起来那样，是免费的或者是成本低廉的。恰恰相反，由于采用了共识机制，区块链不仅算力需求惊人，而且消耗巨大，体积也会日益庞大。

以区块链的代表作比特币为例，工作量证明（Proof of Work）被一部分人看作是最好的共识机制，无数矿工们通过算力竞争，来争夺比特币的记账权，从而防止欺诈交易。也正是由于这种全节点参与的工作机制，使得比特币每天系统消耗电力价值就要超过 700 万元，这当然会有浪费电力的嫌疑。目前，处理比特币需要的算力，超过了 500 台世界上最快的超级计算机算力。

而同时，区块链的去中心化使得它的存储不集中，而是分别保存于每个参与节点之上。这也就意味着每个矿工那里有一个全部账本备份。账本大小则逐日递增。目前已经是庞大的 100GB 以上，而且每年会增长超过 40GB。如果交易量巨大，那么一天都有可能增加上百 GB 的数据。

对此，乐观者认为，伴随存储硬件性能的不断提高，区块链技术的体积问题在未来可能不是最令人头疼的问题，但是可以容纳体积并不代表这种全网参与的工作方式足够环保。

区块链具体数据如表 8-1：

表 8-1　　　　　区块链数据（截至 2017 年 3 月）

区块总容量	区块总数
101.94GB	458696
当前难度	预期未来难度
475705205062	498120633572
距离调整还剩	平均块间隔时间
6 天 7 小时 22 分钟	9.55 分钟
当前算力	当前区块奖励
3476.38PH/s	12.5BTC
链上地址总数	链上交易总数
239317819	202535166

资料来源：区块元

问题二：天生迟缓

相对于体积过大，效率低下是一个困扰区块链技术应用的更为重要的问题。

低成本本来是区块链的一个重要标签。这是由它去中心化直接实现 P2P 的技术特征来保障的，但同时为了保障安全性，区块链牺牲了另一部分效率。

还是以比特币为例，比特币确认一次交易时间是 10 分钟。如果要保证交易的不可逆转，则要等待 6 个数据块完全确认。这至少需要 1 个小时的确认时间，大量交易则需要五六个小时确认时间。对比传统金融信用卡两三天的确认时间来说，比特币的等待时间是可以被容忍的。

经过技术的不断进步，交易效率也在不断提升。来自英国的研究者提出一种比特币的扩容新方案，宣称每秒可实现 2480 笔交易。去年 12 月，日本三大银行最新测试的区块链转账速度为每秒 1500 笔。看起来已经非常不错了，只不过仍旧距离 VISA 公布的每秒 44 万笔交易相去甚远，更不必说纽交所（即纽约证券交易所）那样每秒百万级别的了。即使中国证券交易所，基本上也是每秒几十万笔级别，就算是支付宝，在 2016 年的"双十一"当日，交易也达到了每秒 12 万笔。

去中心化程度越高，共识机制的效率必然会越低。真正的"多快好省"的方案是很少有的。区块链在选择了代表"多"的分布式和代表"好"的高安全性时，就必须牺牲掉代表"快"的高效率和代表"省"的低能耗。

问题三：修改及隐私权

纯粹的完美技术往往并不适应现实生活的复杂性。区块链不可修改的设定使其具备高度安全性，然而人类社会恰巧是时常需要"谎言"的存在。比如，人们比较关注的变性问题，一个经历过变性手术的人，往往希望在手术后，他的所有信息也可以焕然一新，而不是标注他曾经是另一性别。像英国的法律就规定，人们一旦变性，就有权修改个人历史记录，这是非常人性化的。而区块链技术如果储存了这些信息，就意味着被永久记录，要怎么修改呢？

同时，区块链保障的是记录真实的信息，但是错误的信息有时也是真实的。在金融领域，一个数字的错误，可能引发系列蝴蝶效应，这在未来应用中都是不得不考虑的问题。

另一方面，法律专家们也非常担心。在开放的互联网空间中，如果有人将违法的信息放在区块链上，那么就会意味着一个可怕的事实，即全链条的人都涉嫌参与了违法。

而隐私问题，也一直纠缠着区块链技术。2016 年英国就业退休保障部（Department of Work and Pensions，缩写 DWP）将区块链技术应用于社会福利的使用情况追踪，其本意是为了将这些政府公共资金更恰当地使用。然而人们对此评价并不高，很多人认为这不仅是对公共资金的滥用，还对个人隐私造成极大侵犯。

前文提到的著名 DeepMind 公司，去年在英国进行的关于肾脏问题预防项目的区块链应用，也同样遭遇了公众质疑。在信息化越来越发达，互联网犯罪日益显著的今天，人们的确应该对于自己的隐私信息保持高度戒备。

敏感的安全问题

现在的问题是，一方面技术在走向神坛，而另一方面又会出现一些猝不及防的"黑天鹅"事件。例如，2016 年 6 月，以太坊 The DAO 遭受黑客攻击，价值数千万美元的数字货币被盗窃。这导致了著名的"硬分叉"事件。

The DAO 是以太坊一个基于智能合约的公开风险投资基金，在以太坊这个生态系统中担任融资工具这样一个重要角色，类似于用代币进行的股权众筹。但是 The DAO 存在技术上的漏洞，并被黑客攻击。价值逾 5000

万美元的以太币外溢出 DAO 的钱包，以太币价格瞬间从记录高位 21.5 美元跌至 15.28 美元，跌幅超过 23%，比特币也受影响下跌超 10%。

为了及时挽回损失，开发者和矿工们通过投票的方式，最终决定采用硬分叉方案，将时间调到 The DAO 受攻击以前，DAO 代币持有者可以以 1 以太币比 100DAO 的汇率提取以太币。

为了保护资产，大多数矿工接受硬分叉方案，但仍旧有超过 20% 的人投反对票。因为，硬分叉方案在用人为方式改写区块链，而这是违背区块链精神和技术要义的。人们认为这种方式操之过急并非常粗暴。而最重要的是，技术痴迷者们所奉行的"代码即法律"这一神圣不可侵犯的信条被毁灭了。旁观者们乃至很多技术人员，都不得不承认这一事实：以太坊项目似乎还处于早期测试阶段。那么，区块链技术又何尝不是呢！

此后又发生了比特币交易平台（Bitfinex）被盗事件。由于网站安全漏洞导致 12 万枚比特币被盗，损失了价值 7500 万美元的资产。受其影响，比特币当天价格重挫 25%。加之 2014 年，当时最大比特币交易所日本的 Mt.Gox 破产倒闭，使得区块链世界的高度安全性受到质疑。

自比特币诞生以来，在完全自治的情况下高度健康的运行至今，堪称金融奇迹。但在事实上，区块链技术确实存在一定的安全隐患。

首先，关于 51% 算力攻击。由于区块链的信息记录依靠网络中所有的节点共同完成，理论上说，如果掌握超过 51% 算力就可以实现对整个链的信息篡改，导致双花欺诈等问题。如果把应用场景放在金融领域，那意味着一个人完成一笔支付后可以任意进行否定，然后将支付出的资产再进行一次支付。在实际应用中这会导致不可想象的恶果。

其次，关于"智能合约"的风险。"智能合约"的运用是区块链技术的优异之处，特别是在金融领域的应用，被认为是未来的主要方向。所谓

"智能合约"就是一个预先编辑好的"数字语言记录的条款",一旦被触发,"智能合约"就执行相应的条款或记录条款是否被执行。简单来说,"智能合约"是将具体条款以计算机语言而非法律语言记录的智能化合同。"智能合约"属于区块链技术的进化,是密码学家尼克·萨博(Nick Szabo)早在 1995 年提出的重要理念。区块链技术出现后,其不可篡改的高度可信性,为"智能合约"的现实应用提供了巨大空间。

那么也就是说,智能合约在本质上是计算机代码,而这些代码至少最开始是由人写的。如果代码写得不好,就会面临黑客攻击,例如上述以太坊 DAO 的真实案例。更为可怕的是,如果有一种病毒专门攻击这些智能合约,也许人类世界就会像科幻小说中一样,遭受来自机器世界的恶意攻击或者陷入巨大混乱。总之,所造成的损失将远远超过目前我们受到过的计算机病毒攻击。

最后,一些应用中的风险。因为区块链分布式账本特点,中本聪根据六度原理,设计 6 个区块记账确认交易的风险控制方式,这使得交易确认时间需要 1 小时之久。牺牲效率以保障其优越的透明性和安全性。但在快节奏的现实应用场景中,这样漫长的时间是很难被接受的,于是一些后继开发者,将 6 次记账确认"优化"为一次或者两次,虽然效率提高了,但同时风险也跟着提高了。

在所有的已知当中,永远隐藏着无数的未知风险。

时至今日,我们对区块链未来应用的了解,也只是刚刚开始。

第二节　泥沙俱下

据说，在比特币玩家圈子里，流传着这样一句话：比特币的稳定收益方式，只有挖矿和诈骗。也许这句话有些危言耸听，然而随意在某个搜索工具中键入"区块链""骗局"，都可以出现无数相关内容和讨论，在2016年甚至有一篇名为《重磅：区块链的中国骗局》的文章，在微信朋友圈和各类媒体刷屏，并成功地引发了一场大讨论。

支持者认为，区块链不但是一种伟大技术，更是一种伟大的思想体系。它必然成为未来新时代的基础设施，并将直接颠覆社会经济各个领域，尤其是金融领域。

反对者则认为，区块链作为一种技术，没有任何新发明，只是基于旧技术的组装，虽然有一定的应用前景，但就目前的事实来说，应用尚且举步维艰，其真实价值无从判断。而那些将区块链奉若神明的人，不过是一些心怀叵测、妄图从中捞利的投机者。

是技术不是骗局

首先应当说，区块链是一种技术，而技术本身不是骗局。

不过，这一技术的某些应用及其产品，完全可以成为某些欺诈行为的工具。

大家之所以热议区块链，其中一个重要原因，区块链确实非常热。图 8-1、图 8-2 是一些源自百度指数的调查数据，我们可以从中管中窥豹，感受区块链的热度。

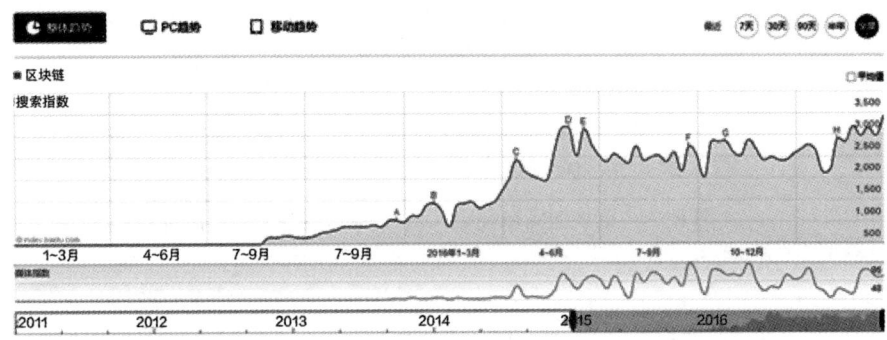

图 8-1 "区块链"搜索指数（2015 年～2017 年 3 月）

资料来源：百度指数

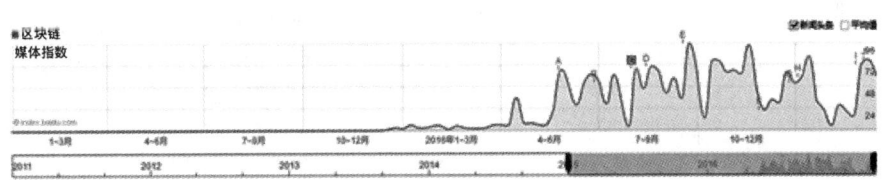

图 8-2 "区块链"媒体指数（2015 年～2017 年 3 月）

资料来源：百度指数

从以上数据中可以看出，无论是关键词搜索指数还是新闻检测媒体指数，都表明了在中国关于"区块链"的搜索，在 2015 年以前是微乎其微的，"区块链"的各种新闻登上头条，则是在 2016 年以后。但是，从 2015 年下半年到 2016 年，人们对此投入的关注力屡创新高，直至 2017 年（见图 8-3、图 8-4）。

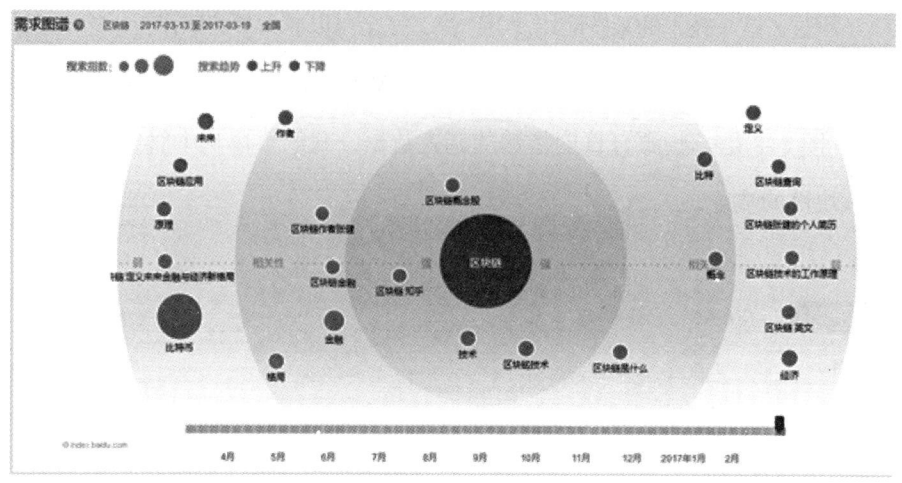

图 8-3 区块链需求图谱（2017 年 3 月 13~17 日）

资料来源：百度指数

图 8-4 "区块链"相关词搜索排名（2017 年 3 月 13~17 日）

资料来源：百度指数

以上是与区块链相关的搜索热词排名情况。可以看出，人们对区块链的关注，最重要的领域是技术本身、比特币、金融。

比特币是区块链的最大应用作品，受到关注自不必说。这一轮的区块链热潮，事实上与金融界表现出的无比积极性有很大关系。尤其是代表金融核心内容的银行、证券、保险都向区块链抛出了热情的橄榄枝，成立了多种多样由全球知名金融机构组成的区块链联盟组织。在某种程度上，这是金融界"高富帅"集体为区块链做了一次背书。这份金光闪闪的背书包含一行重要的潜台词：区块链是一种值得重金投入、开发的技术，必须占有之。

原因也显而易见。在激烈的市场竞争环境中，技术更迭速度迅雷不及掩耳，假如不慎掉队，那么曾经的影印行业巨头柯达、电子设备行业巨头诺基亚的今天，就有可能是他们的明天。

技术竞争背后掩藏的危机感，导致如今区块链火爆。当然其中少不了投机者的大力推波助澜，这点我们看看中国证券市场上冒出的众多区块链概念股便可了解。然而，话题的热度可以快速上升，但一种技术的周期，通常自有规律。

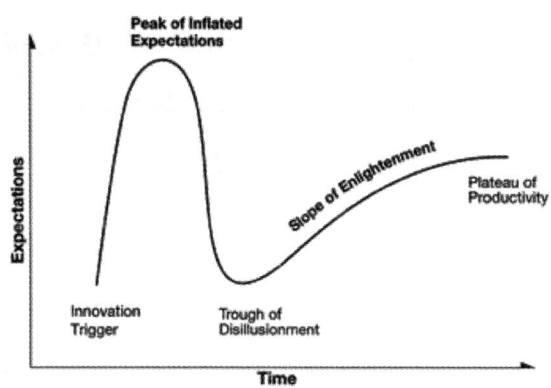

图 8-5　Gartner 发布的"技术发展周期趋势"模型

资料来源：Gartner 公司官网

图 8-5 是由知名咨询公司 Gartner 发布的"技术发展周期趋势"模型。它描述了一项技术从诞生到成熟的五个过程，即上升期、快速发展期、下降期、爬坡期、稳定应用期[①]。

其中，上升期和快速发展期属于理论研究阶段。在这两个阶段，新的技术理论从出现到快速成长，并很快到达巅峰。这一段时间的工作以基础理论研究为主，理论突破频繁、成果大量涌现。

下降期则到了快速发展期的顶端，基础理论基本成熟，研究成果的总量已经很多，理论探索空间越来越小。此后，理论工作者对该项技术的关注程度逐渐降低。而此时，该项技术在产业上的应用尚未成熟，因此，新技术的受关注程度进入下降期。

爬坡期是随着新技术在产业应用中的逐渐成功，产业技术的研究热潮使得该项技术的受关注程度再次增加，并将其带入一个持续发展的爬坡期。相对于理论研究而言，产业技术研究的内容要细致和深入得多。因此，这个阶段的发展速度已远远不如上升期那么迅速。

最终到达稳定应用期，即随着基本产业技术的成熟。应用技术研究进入更多的现实场景当中，并且基本稳定应用。

很显然，区块链目前处于第二周期和第三周期的交界处。接下来我们将看到这一热词不断降温，就像前几年的互联网金融、大数据、人工智能一样，不再那么新鲜，但依然非常重要。

区块链的乱象

当一种新技术刚刚出现时，几乎不可避免地被人为进行各种包装，其

[①] 资料来源：Gartner 公司官网以及百度百科。

中通常有一种是为违法行为服务的。

区块链也一样，对这一行业目前情况下的一种经典评论是：技术专家、投机者和传销大师，几乎在同一时刻达到这一领域。

这使得本就热闹非常的行业变得信息更加混乱。而由比特币作为启发灵感派生出来的各种目的不纯的数字币，成为庞氏骗局近两年来的重灾区。

纽约证券交易所前副总裁乔治·乌杜（Georges Ugeux）在他的新书《金融的背叛》中，态度鲜明地指出：比特币是又一个庞氏骗局。比特币从来不是货币，虽然具有支付工具和记账单位的功能，但却缺乏作为货币的一项关键要素——贮藏手段。为此，他列举了比特币四大问题：第一，整个比特币市场的所有人（包括创始人在内），因欺诈而饱受诟病；第二，涉及比特币的数起洗钱案件已在美国法庭受审；第三，比特币作为支付手段，其应用场景极为有限；第四，比特币的成功反映出监管部门在透明度把握和货币监管方面的失败。

比特币是否被定义为庞氏骗局尚需讨论。至少比特币并没有上下分级，而且它是有限的，并非击鼓传花、拆东墙补西墙的无限的欺诈游戏。但经比特币启蒙出来的一批数字代币，却真真正正地继承了传销的"纯正血统"（见图 8-6）。

图 8-6　关于数字币传销的互联网问答

资料来源：互联网

从来自互联网的问答中,我们可以轻易感受到扑面而来的传销味道。在 2016 年相关机构发布的一份《金融传销组织名单》①中,可以找到上述 DGC 共享数字币的名称,而在这份名单里,仅仅名字中出现"币"字的传销组织就超过 40%。

据 2016 年公安系统数据统计,全国公安机关立案侦办传销犯罪案件 2826 起,同比上升 19.1%,成功破获了"网络黄金积分""克拉币""恒星币""买卖宝"等一批重大案件。其犯罪手法主要借助"虚拟货币""金融互助""微商"等最新流行概念或技术。

为什么传销组织如此青睐数字币呢?

第一,传销的产品载体热衷于寻找高科技外套,利用大众心理,吸引人们关注。数字币有"区块链"这一闪闪发光的未来技术做背书,传销组织青睐数字币的首要原因。

第二,传销的产品必须有很好的赚钱效应,利用大众普遍存在的贪婪的心理,成功布下陷阱。数字币领域,往往以比特币价格和暴涨传奇作为现实版教材。

第三,数字币还具备一种政府监管之外的"自治货币"气质。就像比特币的诞生,暗示着对现有法币体系的不满和对政府肆意掠夺人民财富的发声。尤其是在全球货币超发的今天,人们希望寻找一种能够保护个人财富的资产存储方式。这又极度地契合了大众需求。

第四,传销产品成本越低廉越虚拟,就越容易操作。数字币本身除了一些开发成本外,不需要现实的物质承载物,可以说将成本降到了最低,使操作者利益最大化。

---

① 资料来源:搜狐财经。

而事实上，传销系统中的数字币与基于区块链技术派生出来的各种代币（如比特币）存在巨大的差异。传销币对于区块链技术的应用，常常只处于"声称"阶段，因为真正的区块链技术，本身就意味着账本的完全透明化，其中代码通常也是公开的。而传销币则更加强调投资的收益性，且一般是不合理的高收益。

在知识匮乏、认知有限和本性贪婪作祟之下，很多人进入传销骗局。一些新闻报道，甚至很多人明知其为传销而故意为之，因为这些人认为只要不变成"击鼓传花"的最后一棒，就可以"功成身退"。

应该说，庞氏骗局时至今日仍旧是一个巨大的产业，区块链只是此时被当作的一个"说法"而已。对于区块链技术来说，这终究只是"浮云"，因为在历史上曾经有过"郁金香""兰花""乌木""牛黄"等各式各样的"前辈"。

事实上，区块链的庞氏骗局是很容易识别的，但有些乱象则具有更高程度的伪装性，甚至混乱只是过程的必要滋生物，比如区块链概念的一些众筹和创业，虽然初衷并不是直接的诈骗，但技术发展期项目的高死亡率，使得很多项目具备了"愚弄投资者"的事实。当然，也不排除一部分投机者，利用新概念圈钱的可能。

第三节　区块链的未来

一种试图颠覆未来的技术在启蒙时期，应被给予充分的宽容，这样才能拥有更为宏大的未来。

虽然前面讲述了区块链的种种不足和乱象，但是我们仍对区块链技术本身充满期待。在等待辉煌的技术新浪潮来临的间隙，恰好可以重温一下马云早年被称为"骗子"的经历。

九十年代中期，刚刚开始创业的英语老师马云第一次去美国。一个美国西雅图的朋友教他上了互联网，从而启蒙了他对未来电子商务的想象。当时，大半个中国没有互联网，电子商务更是一个闻所未闻的天方夜谭。没有人知道，在网络上交易如何完成物流和支付监控，也不知道如何说服客户货物的真假优劣。"三年的时间里，我都被当成骗子。"马云说。

然后，15年过去了，阿里巴巴的规模已经超越了前辈亚马逊，而仅仅作为支付工具的支付宝就已经占据全球在线支付总金额2.5万亿美元的三分之一，现在再没有任何人来质疑电子商务的可行性。2014年阿里巴巴上市时，最高融资达到250亿美元，成为有史以来最大规模的I.P.O（其后两名是中国国家控股的企业）。马云带领的"阿里系"，成为中国最富战略眼光的公司。马云则成为全民思想导师，并被中国7亿网友称呼为"马云爸爸"。

有关未来的思考

关于区块链的未来,应该说可以从两个层面予以"想象":第一,是基于技术层面的;第二,则是基于理念的。

在技术层面,《区块链》作者张健有三个判断:第一,区块链将成为互联网的基础协议之一;第二,未来区块链的结构一定是分层的,不同的层级承载不同的功能;第三,如同互联网的发展一样,区块链这种协议式的、需要大规模的协作和参与的颠覆式技术,其崛起周期将比大多数人预想的要长,而最终影响的范围和深度也会远远超出大多数人的想象。

这个观点是基本被接受的,这里主要讨论其中两点:

1. 是否真正去中心化的问题

实际上,去中心化是互联网一贯秉持的自由、开放精神的进一步深化,也可以说是某种自由主义或者无政府主义在虚拟数字世界中的展示和延伸。它带着某种超越现有社会机制的英雄主义想象,因此会显得分外迷人。

但是,在现实的应用当中,是否坚定地坚持去中心机制呢?

在 2017 年 3 月刚刚结束的第十六届博鳌亚洲论坛 2017 年年会上,中国银行前行长、中国互联网金融协会区块链工作组组长李礼辉发言中提到:"不管是 IBM 也好还是一些联盟也好,他们研究的不是去中心化而是多中心联盟的方式。所以我自己觉得,就中国来说,我们现在已经建立了很好的中心化的体系,这种电脑体系,包括 Visa、包括银联、包括中国银行也好,我们有很好的这种系统,我们应该把这种中心结合起来,建立一个分布式的账本结构,这可能比较适合于未来的发展。"

应该说,在现有的应用场景当中,普遍接受的是"弱中心"或"一超多强"这样带有妥协意味的方案,所谓"弱中心"就是削弱目前完全一个中心化的超级集权状态,"一超多强"则是在构成的一个联盟链中,设置一个超级管理员,其下分布多个节点。这是一定程度的去中心分布式区块链,而并非绝对意义上的。

井通在《区块链世界》一书中,专门对其有效去中心化的理念进行了描述:"我们认为,相对于彻底或者极端的去中心化的想法,未来社会需要的是一种中心化与去中心化的平衡,可以命名为'有效去中心化'——就是在保持中心化带来高效率的同时,避免其带来的可靠性的不足。对此,我们的解决思路是选择一个有效的优化区间,而非一个优化点。一方面,从绝对的中心化到彻底的去中心化,中间有很大的一个区间,我们完全没有必要画地为牢,自我限定只能选择两个极端,而要因势利导、对症下药。可以根据不同应用的场景,结合不同行业的实践,来找到最符合使用者需求、成本最经济、使用最便捷的那个平衡点,即选择一个有效去中心化的节点。在这个节点,既能够享受去中心化的安全和成本优势,又不至于过度的去中心化而降低效率。当然,有效去中心化也需要符合区块链技术的核心要求,如节点分布、全民共识。基于更快的应用和现实考虑,牺牲绝对自由以换取大众化普及应用,无论从哪个角度讲,都是正确的选择。"

2. 关于政府的监管问题

同样是来自博鳌论坛,中国银联总裁时文朝说:"我们现在都在讨论数字货币、区块链技术的应用。其实区块链应用最大的领域是金融领域,金融本质是什么？金融本质是拿别人的钱做自己的生意，所以必须钻到法律和监管笼子里，任何金融创新都不可能是去中心化的，都不可能是无政府、无监管的，这种事情任何国家都不可能走得通。"

事实上，这一言论可以代表多数国家政府的态度。尤其是在金融领域，没有任何一个国家会主动放弃自己对货币的控制权。失去这一权力，就如同失去了对国家的掌控。人们应当还记得，美国南北战争中，林肯用私人银行印制"绿钞"赢得战争的典故。因此，对于区块链，可能如何研究主动迎接监管，比痴迷于超政府主义更具有现实意义。

那么，基于区块链的技术理念，又能给我们什么灵感呢？

看上去跟上面的结论是矛盾的，但事实上区块链关于自由、自治的理念。在某种程度上，代表着一种终极的社会追求，并且体现的是社会经济的各个层面。

至少，人们会相信，区块链的理念以及技术应用，将会在很大程度上推动个体经济时代的来临。人们对集约型机构和政府的依赖也将越来越少。高度集权，将会被弱化，更民主、更透明、更自由，将是社会发展的方向。例如，社会征信未来不再被机构和政府所垄断，升斗小民不必被要求证明"我妈是我妈"，因为区块链可以通过技术创造信用，实际上就运用技术让所有参与者彼此证明彼此，听起来很像中国儒家所追求的"大同社会"。

应有所作为

目前，制约区块链发展的三个主要方面是：底层技术、标准体系、监管环境。

从技术层面讲，如何将共识算法、保密算法和保密合约三者进行优化创新，以支撑底层技术可以实现每秒百万级别的交易，同时又能保证安全可靠。这是大规模金融应用的首要突破难题。区块链技术创新是在开源社区诞生的，但是由于其底层的架构不是为了商业场景来设计的，而社区由于管理机制的问题，很难进行技术的迭代，因此，就出现了一些商业的底层公司，在开源社区代码的基础上进行了商业的开发。

如果说，我们可以以将这个问题留给全世界的技术极客们，那么剩下的两个问题，则要依赖整个社会的推动力，尤其是政府和大型机构。

因此，无论是在全球还是在中国，区块链的发展，首先需要中心化组织的积极参与，主动监管和主动促进创新。应该说，到目前为止，区块链在中国的发展于2016年下半年开始明显感受到了来自政府的推动力。

例如，2016年，在工信部信软司和国标委指导下，中国区块链技术和产业发展论坛发布了《中国区块链技术和应用发展白皮书》。

2017年，在国务院日前印发的《"十三五"国家信息化规划》中，首次将区块链列入国家信息化规划，并将其定为战略性前沿技术。

在政府的一系列动作当中，最为瞩目的应该是贵阳政府对区块链的推动、促进和创新激励，堪称楷模，以至于人们觉得，相比北京、上海和深圳，贵阳发展区块链更具备区域优势。原因是贵阳在政府推动之下，两年来一直处于金融创新前沿，无论在大数据领域，还是互联网金融众筹领域，都拥有良好的基础设施、发展环境以及一定的人才储备。相较于北京、上海、深圳的原发型优势，我们更能从政府作为中体验到何为"主动作为"。

2017年2月，贵阳政府主导的《贵阳区块链发展和应用》白皮书正式对外发布，白皮书围绕"主权区块链""绳网结构"理论、秩序互联网等理论创新，提出了贵阳发展区块链的顶层设计，并酝酿相关区块链立法工作。

2017年3月18日，"贵阳区块链发展联合组织"第一次会员代表大会在贵阳互联网金融特区大厦举行。来自北京、贵州、上海、江苏、深圳等省市 7 家单位当选为常务理事单位（轮值理事长单位），意味着该组织的"多中心、多地域、分布式"联合发展的格局初步形成，是国内首家采用区块链思想筹建的行业性组织。而且贵阳正在积极促进区块链创业创新基地的筹建，正在筹备一个高端的、国际性的区块链沙龙品牌，旨在将贵阳打造成一个区块链发展的核心地区。

目前，贵阳第一批区块链应用已经构建了三大领域、12 个应用场景，包括：政用领域有政府数据共享开放、数据铁笼监管、互联网金融监管 3 个场景，民用领域有精准扶贫、个人数据服务中心、个人医疗健康数据、智慧出行 4 个场景，商用领域有票据、小微企业信用认证、数据交易与数据资产流通、供应链管理与供应链金融、货运物流 5 个场景。在全国区块链应用体系构建方面，处于前沿和领先地位，代表了中国政府机构对技术经济的高度认可，表达了用新经济塑造新城市的热情和诚意。这在中国是特例，也表现了这个国家作为新经济引领者的雄心壮志。

当然，在这一区域的竞争是全球性的，非常激烈。而且，这场竞争的起点几乎是相同的，终点却可能截然不同。人们普遍相信，在前方有一片全新秘境，可能决定每个竞争者的未来。因此，少数先觉者和有能力者在寻觅的路途上乐此不疲。数据显示，全球已经有 24 个国家正在投资区块链技术，80% 的银行将在 2017 年启动区块链项目，90 多个中央银行加入了区块链讨论，90 多个大型公司加入了区块链联盟。在过去三年里，区块链的风险投资超过了 14 亿美元，产生了超过 2500 项的区块链相关专利。

正如人们所说：凡在理论上必须争论的一切，只能用现实生活的实践来解决。

而时代，最终将见证这场竞争的胜利。

附录

数字资产区块链交易所的探索

主权区块链与其他区块链一样,具有点对点、不可篡改、可信任和价值转移的特点。但不同的是,从治理层面看,它强调网络空间命运共同体间尊重网络主权和国家主权,在主权经济体框架下进行公有价值交付,而不是超主权或无主权的价值交付;从监管层面看,它强调网络的可监管,而不是无监管;从网络结构看,它强调网络的分散多中心化,而不是去中心化;在共识层面看,它强调和谐包容的共识算法和规则体系,而不是效率优先的共识算法和规则体系;在激励层面看,它强调物质财富激励与社会价值激励的均衡,而不是物质财富激励为主;在合约层面看,它强调智能合约是法律框架下的自动化规则,而不是"代码即法律";在数据层面看,它强调基于块数据的链上数据与链下数据的融合,而不是限于链上数据;在应用层面看,它强调经济社会各个领域的融合应用,而不是限于金融应用领域。

一、"绳网结构"理论

区块链是一个个区块按照时间戳顺序形成的链,像是一个"绳",它把一串串数字和价值交付紧密耦合在一起，记录了某个社群内数字资产的所有交易历史。

由于区块链技术应用的目的、社群范围和应用领域不同，也就形成了主权区块链框架下的不同区块链应用。推进区块链之间彼此连接，实现链与链之间的数据流通、业务交互和价值交付，将会是区块链技术发展的一个重要里程碑。不同区块链彼此相互连接就将"绳"织成一个"网"。它不同于单一的公有链，因为在每个相对独立的区块链中的授权是被保护的，但它们又能彼此相互连接，承载更广泛的各类价值应用，形成跨区域、跨场景、跨部门应用的相互链接，形成一个区块链的立体空间。"绳网"在块数据后面形成了跨人、经济、社会各种活动的诚信体系，从而建立了价值互联网，产生网络效益和更大的价值。

二、"扁担"模型（TAF 模型）

区块链"扁担"模型是指关于区块链技术（T）、区块链应用（A）、数字金融（F）的结构关系的模型，也称为 TAF 模型。区块链技术是实现数字货币的底层技术，区块链技术发展和数字金融是当前区块链的两大热点领域，但单纯的区块链技术发展和数字金融不足以构建起区块链的生态体系，区块链应用是促进技术发展和数字金融应用的关键，就像一根扁担的支撑杆，有了它才能支撑起区块链技术和数字金融的发展。但当前存在着"两头热，中间冷"的问题，区块链应用尚未有效开展起来。

未来，区块链的政用、民用和商用才是搭建起区块链技术和数字金融发展的关键支撑，是拉动区块链技术发展和推进数字金融发展的核心力量，是发挥区块链经济社会价值的重点环节。

三、应用场景

1. 全球大数据区块链交易所

我们尝试灵活运用主权区块链的基础上，结合了很多现在相对成熟的云存储技术及规则、云通信技术及规则、UKEY技术及规则等，多重方式保障用户的数据安全及隐私，更好地提升了区块链稳定性及公信力，在政府的支持下，我们将最终打造出全球第一个合法、合规的大数据区块链交易所。

这将交易购买行为变成了一种储蓄行为和参与企业生产及股权等投资行为，这使消费者和投资者有机结合，推动生产行业向消费者订制的供给侧变革，完成消费转化为资本的过程，实现了双收共赢。在全球大数据产业发展中，20万亿次的交易行为结合主权区块链架构，一定会带来互联网革命性的飞跃，同时也促进全球内贸经济改革的发展。

2. 全球大数据登记、托管及结算中心

运用主权区块链技术，有利于形成具有公信力的数据资产确权登记平台，解决交易确认、记账对账和投资清算中的各种问题，促进数据资产在发行、流通、结算等各个环节规范化，建立健全数据投资机制，保证大数据市场稳定健康发展。区块链加数据投行是由政府主导的新型商业模式。对存量数据进行筛选、重组、登记、确权、评估后，形成数据资产包，并以其使用权供全国数据金融投资市场内的创新型企业使用，

根据创新型企业的规模、使用的数据量、使用时间的长短来获取创新型企业股权，一方面盘活社会存量数据资产，加快当地经济转型升级；另一方面解决创新创业企业在发展初期数据资源不足的问题，激发双创活力。

3. 消费积分交易所

我们尝试灵活运用主权区块链技术原理将消费积分产生及交易系统打造消费积分区块链交易体系（CCBT），主要层级为底层+中间层+应用层。

底层是一些通用的基础模块，比如基础加密算法、网络通信库、流处理、线程封装、消息封装与解码、系统时间等；中间层是区块链的核心模块，一般包含了区块链的主要逻辑，如P2P网络协议、共识模块、交易处理模块、交易池模块、简单合约或者智能合约模块、嵌入式数据库处理模块、钱包模块（分布式数据存储及账本）等；应用层，往往都是基于Json Standard RPC的交互模块或Web-Service，如治理、监管、合作数据交互传输、多中心、多节点以及结合成熟的UKEY、通信验证码等技术加强并提升区块链技术的安全性，真正保障用户的数据和隐私安全，更好地提升其公信力。

4. 智慧绿色能源交易中心

众筹金融交易所拟成立智慧绿色能源交易中心，通过与湖北民族学院信息工程学院、全球网、区块链联盟等技术团队的合作，运用物联网、大数据、区块链等技术，实现太阳能光伏电站的智能化改造，并在此基础上，创新太阳能的众筹交易模式，实现第三次工业革命中提出的能源互联网的大交易时代。通过区块链的技术，可以使每一个太阳能电池板，成为一个节点，成为一个独立的运用主体和投资标的，真正实现绿色能源的去中心化、智能化、可视化、可交易化。

目前，太阳能光伏企业享受国家政策扶持补贴与扶贫项目的补贴优惠，普通众筹投资人只需投入几千到几万元不等，即可获得生态移民区/扶贫区 10~25MWp 光伏电站（强光照地区项目，移民项目、边远山区、地区扶贫项目等），占据电站太阳能电池板发电毛收入的 40% 左右的收益（收益依据项目情况不等），收益期可长达 20~25 年，每季度结算收益。初始众筹投资人的未来绿色能源收益权（例如太阳能电板的收益权）可以在众筹所上市流通交易。

5. 邮票众筹扶贫项目与区块链运用

我们将尝试灵活运用主权区块链技术结合众筹，将生成一枚世界独一无二的电子邮票，并申请国家邮票相关发行单位进行实际纸质邮票的发行，具有独特的收藏价值。

尝试灵活运用区块链工作量证明机制（Proof of Work，PoW），将消费过程及消费频次进行量化统计和数字加密处理，再结合股份授权证明机制（DPoS）原理结合成熟的安全技术，最后由众人共同创造这枚邮票，因此赋予了其特殊的使命和意义。根据区块链的可追溯性，我们可以记录下该枚邮票的流转情况，将其多次交易收藏的记录都存储并保存下来，并且将合法交易产生的佣金按一定比例用于爱心扶贫项目，同时也记录下每一次扶贫的对象，使扶贫透明化、公开化、即时化，提升公信力，完全杜绝弄虚作假。

四、贵阳发展区块链金融的思考与建议

1. 发展区块链金融框架原则

（1）打造包容性金融体系，为创新预留发展空间；

（2）平衡好区块链技术＋金融＋行业运用发展中的创新与风险；

（3）构建恰当的法律监管框架，扩展区块链金融服务基础设施；

（4）采取尽责的措施保护消费者与投资者。

2. 积极参与国家相关规则制度制定，取得贵阳在相关规则制定的话语权

（1）积极使用大数据交易所与大数据产业优势，监测数字金融进展，确保区块链金融健康发展，积极参与国家规则制定。

（2）联动大数据交易所、众筹交易所、移动金融、农商银行、经营小微企业保险的保险公司、为小微企业账务提供服务的大账房公司、京东电商、跨境电商平台、综合保税区、相关行业协会、农村信用合作社等多家单位和多种机构，取得中小微企业、农村合作社的有效数据积累，以普惠金融为落脚基点，取得相对于北上广等大城市的相对优势，借此参与国家规则制定。

（3）以票据市场等相对封闭的应用场景先行先试，发展区块链金融，取得实践运用的反馈。

（4）在初步运用的基础上总结问题和实践难点，找出解决方法，尽力参与国家规则制定。

3. 推进区块链金融运用的具体举措建议

引入国内外顶尖的区块链底层技术团队落户贵阳,合作建立区块链技术孵化应用的环境,实现区块链技术快速在行业应用的突破和落地,为贵阳市打造共享、创新、开放的大数据生态城市做出自己的贡献。目前,拥有区块链底层技术的井通团队已经启动在贵阳设立底层技术公司的流程。

贵阳众筹金融交易所总裁　刘文献

贵阳众筹金融交易所简介

2015年5月27日,由贵州省委常委、贵阳市委书记陈刚为贵阳众筹金融交易所(以下简称"众筹所")揭牌,标志着中国第一家众筹金融交易所正式成立。

众筹所将建设200条专业跑道平台公司,每条跑道由全国各行业领军人物和领头企业作为领筹人,并规划了债权、经营权、产品、知识产权等五大类众筹交易板块。

贵阳市委市政府积极打造以众筹所为核心,成立了贵阳世界领筹金融股份有限公司、众筹金融学院、众筹金融协会、众筹金融研究院等众筹金融生态体系,并将众筹所打造成为国家"双创""四众"的核心支撑平台,于2015年10月23~26日联合中国银行业协会、中关村管委会等共同主办了2015世界众筹大会。大会共举办主、分论坛39场，大型活动4场、全球创客博览会、全民"双创"众筹大赛等，来自美国、英国、加拿大、以色列、澳大利亚等国内外近12000位嘉宾参会。

2017年，众筹所将以三五版联动众筹板、知识产权收益权音乐、电影IP交易板、跨境众筹交易板、智慧新能源交易板、消费积分交易板、名酒板块、公益众筹交易板、旅游户外（露营地）交易板、房地产创新金融交易板、新金融资产交易板等重点打造十大交易板块。

后 记

士不可以不弘毅，任重而道远

如同"孙悟空"一样，被许多许多规则锁住，压抑在技术的底层，成为"郁结"，"释放"是最好的结果。或许这看似与区块链无关，但你若仔细想想，发现其实真的是这样，区块链这只"大圣"，就金融行业来说，的确神通广大——杂乱不堪的金融枝条被一一理顺，似乎枯木逢了春，因而有了这本书的问世。

生有涯，而知无涯，总算不负几年来的苦心——将大数据、众筹、区块链等在传统金融领域的不断改造，造就了贵阳互联网金融的崭新格局，这个互联网金融起于传统金融，又高于传统金融，但又不是简单的传统金融与互联网的叠加，而是基于大数据、区块链技术之上的创新金融，这也算是在众筹金融系列丛书编委会生涯之中，盖上的一个个不可篡改的时间戳。

2016年12月，贵阳市发布了《贵阳区块链发展和应用》白皮书，2017年1月7日，贵阳市人民政府副市长王玉祥率贵阳区块链访问团参加北美区块链科技金融峰会。贵阳在区块链领域的所作所为，早已让美国硅谷这样的技术核心区域所熟知，并津津乐道，业界对贵阳的大胆创新之举，纷纷投来赞同的目光。

不仅如此，这种从人文、科技思入金融领域的诉求，因缘际会之下，还同国际金融科技的发展相契合。现行通则的加速崩解和相互证伪，使得就算今后仍有普适的基准可言，也将有待于更加透辟的科技力量，正是在科学技术的此一根基处，技术粉的事业又有了用武之地，由此就决定了，尽管同在关注世俗的金融事务与规则，但跟既定框架内的策论不同，真正体现出去中心化的区块链技术，绝不会是"医头医脚的小修小补"，而必须以激进亢奋的姿态，去怀疑、颠覆和重估全部的金融价值预设。有意思的是，也许再没有哪个时代，会有这么多狂热的技术粉想要焕发制度智慧，这既凸显了科技的深层危机，又表达了超越的不竭潜力。

需要说明的是，尽管区块链堪称严肃的领域，无论技术、应用，还是监管方，都会因其色彩和发展而备尝艰涩，但该工程却绝非寻常意义上的"纯学术"，而是基于技术在贵阳这块创新之城的种种落地应用。此中辩论的话题和技理，将会贴近我们的金融伦常，渗入我们的表象世界，改铸我们的现有规则，根本不容任何人垄断。

技术从来就该为人类服务，这是自工业革命以来，技术所带来的种种便捷之处所证明的，因此，区块链在今天贵阳的种种落地以及此类方生方成的现实实验，仍要应付尖刻的"批判围攻"，保持着技术创新时的紧张度，尚没有资格被当成享受保护的"非遗"。所以说白了，除非来此对话者早已捷足先登，否则，你会发现，稍微懈怠，你就已被科技抛在了后面。

此类技术之烦难，足以让任何聪明人望而却步，更不用说区块链这样生涩的字眼，大约也唯有坚定如我们者，才会在数年苦熬之余再作冯妇。

幸运的是，我们有诸多区块链领域的高人相携，他们和我们声应气求，在技术面前不甘落后，遂把区块链技术落地当成了日常功课，我们以艰难的咀嚼，咬穿区块链的篱笆。

金融与金融管理工作，甘苦自知，但作为一种补偿，我们有机会体验伴随科技进步带来的种种便捷，同时又能感悟技术所带来的神圣感。

贵阳，已牢牢紧握区块链每一步走向的话语权，"士不可以不弘毅，任重而道远！"

众筹金融系列丛书编委会

赋予想象，只因寄予厚望

对于区块链来说，这是一个特殊时期，人们对其各个层面的陈述和想象，都多于它在现实生活中实际应用场景的展现。但即便如此，并不能淹没区块链作为一种底层或者说基础技术重构整个社会的可能。正因为从技术角度上来说，拥有这样的潜能和基因，才吸引了无数创新者、开拓者以及追随者。

对于整个普惠金融在中国的创新发展来说，在某种意义上，我们已经走过了早期阶段，市场在各个方面呈现出一种谨慎的内敛和规范性的收缩，在互联网理财、信贷等方面，一部分公司展示出了科技的力量，在众筹这个领域，我们从区块链身上看到了新时代的光芒。科技的力量会促使时代发生变迁，而这种改变往往是在某个节点瞬间完成的，今天我们如此谦卑和认真地关注和探讨区块链，就是看到了这一技术对未来金融发展的扭转之力。在某种意义上，一方面，它带着互联网先驱者们一直所倡导的民主、自由、共享的精神；在另一方面，也给我们带来现实场景应用当中监管和自我约束的深思。无论未来怎样，未来已经来临，我们相信区块链会主动去改变金融环境中银行、证券、保险等这些主要传统应用环境，也会改变像P2P、众筹这些新金融环境，而最后，大家将殊途同归，共同成为一个叫作"科技金融"的存在。"科技金融"并不仅仅是"更好、更快、更强"的代表，而是一个"更公正、更民主、更普惠"的未来，一个更好的未来。

在对这样未来的憧憬中，各方豪杰争相逐鹿，贵阳是整个矩阵当中的一个独特样本，既有政府从顶层机构开始高屋建瓴的设计和推动，也有应用大数据交易所、众筹金融交易所这样技术和结构双优级的应用基础，贵阳在科技金融版块已经在全国成就了不可小觑的一席地位。积跬步以至千里，谁又能说在即将到来的新一轮技术革命中，贵阳不会成为中国的又一驱动引擎呢！

在本书成稿过程中，区块链还在感受着来自周围的质疑，有的人希望这不是下一个被疯炒和"捧杀"的标的；有的人觉得浑水摸鱼者多过脚踏实地者，忽悠成分太高；还有人觉得，对其实际应用前景的描述严重夸大……事实上，这些都是技术早期自然而然的存在，从历史发展的眼光来看，无论纷争多大，从来没有人可以真正阻挡社会的进步，而那些颠倒和夸张，都会伴随事实的到来而烟消云散。

浮云，终归是浮云。

事实，终归是事实。

最后，感谢所有为此书成稿付出思想和智慧的人们，感谢这个美好的时代，让我们总有心情畅想一个能够筑梦的未来。

李利珍

▲ 2016年4月12日,中国驻英国大使馆副馆长倪坚公使会见以贵阳市王玉祥副市长为团长的贵阳众筹金融访英团部分成员。

▲ 在北美区块链科技金融峰会上,分论坛小组研讨后,本书作者刘文献院长与贵阳市人民政府王玉祥及贵阳区块链金融代表团同库帕蒂诺市议员、前市长 Barry Chang 合影。

▲ 本书作者刘文献院长与贵阳市人民政府副市长王玉祥（左三）一同拜会了库帕蒂诺市议员、前市长 Barry Chang（右二），费利蒙市市长 Lily Mei（右三），贵阳市政府与库帕蒂诺市签订了友好城市合作备忘录。

▲ 2017年1月，贵阳市人民政府副市长王玉祥率贵阳区块链金融代表团参加北美区块链高峰论坛，本书作者刘文献院长为团员之一。在洛杉矶期间，贵阳代表团与洛杉矶代表团展开研讨，会后美国贵州商会会长章雯女士（中红衣者）与贵阳代表团合影。

◀ 刘文献院长与库帕蒂诺市议员、前市长 Barry Chang 合影。世界著名的硅谷便坐落于库帕蒂诺，苹果公司、惠普公司等公司总部均坐落于此。

▶ 刘文献院长向费利蒙市市长 Lily Mei 赠送《众筹的解放》。特斯拉工厂就坐落于此。

▲ 刘文献院长参加北美区块链科技金融峰会,在圆桌论坛上发表讲话。

◀ 刘文献院长与全球比特币基金会董事会主席、区块链资本主要合伙人 Brock Pierce 合作交流。

▲ 刘文献院长向圣盖博市市长廖钦和赠送《众筹的解放》。

▲ 2016年11月3日,在贵阳市大数据金融信用体系建设和风险控制系列活动上,《众筹的解放》出版发行。

▲ 2016年11月4日,《区块链世界》、《区块链金融》等区块链丛书出版发行。贵阳区块链金融公司、贵州贵人大数据区块产业发展股份公司等一批区块链企业如雨后春笋般诞生。

▲ 十一届全国政协副主席李金华(中)莅临贵阳天朝上品总部视察指导。茅台酱香新典范——天朝上品作为众筹所各种消费积分交易对标实物产品,通过消费积分交易销售大增,此为新电商拉动实体经济发展的一个典型案例。

▲ 2017年3月10日,区块链金融协会成立,刘文献当选首届协会会长。协会为国内第一个经民政部门正式批准注册的区块链金融协会。

▲ 自贵阳在区块链领域开始神奇的探索以来,来自全国各地区块链领域的创客络绎不绝的来到贵阳,参观、访问、交流、学习,图为雪特(上海)科技股份董事长周春雪女士慕名来到贵阳众筹金融交易所,与刘文献院长合影。

▲ 刘文献院长向英国国会议员、英国国会众筹委员会主席巴里的代表艾伦·白瑞赠送《众筹的解放》，巴里在致信中高度评价了贵阳打造世界众筹之都的构想，并致力于推动中英大数据及众筹、区块链等领域的合作。

▲ 2017年3月13日，由贵州省扶贫办指导，桐梓县羊蹬镇政府、贵阳众筹金融交易所、贵州万牛牧业科技发展有限公司主办，遵义市义工联合会协办，遵义电视文化传媒有限责任公司、贵州中禧互联网金融服务有限公司承办的生态牛养殖众筹扶贫项目资金移交仪式在贵阳众筹金融交易所举行，项目通过世界众筹大赛平台，一个月内众筹了30头，帮助了30户贫困农民脱贫。

▲ 贵阳众筹金融交易所分布式太阳能系统，通过区块链技术，可以使每一个太阳能电池板，成为一个节点，成为一个独立的运用主体和投资标的，真正实现绿色能源的去中心化、智能化、可视化和可交易化。这可能是智慧能源区块链重大革命的开始。

▲ "解放众筹"三部曲：《解放众筹》、《众筹的解放》、《众链》。